이 땅 위의 천국

이 땅 위의 천국

스티븐 J. 니콜스 지음 | 이용중 옮김

Heaven on Earth

조나단 에드워즈의 천국 비전

살림

개인적으로 장인, 장모가 되시고 저를 친구처럼 대해 주시는
키스 하셀호스트, 베벌리 하셀호스트 부부께
감사의 마음을 담아 이 책을 드린다.

차례

감사의 말

이 책을 쓰는 데 도움을 주신 여러 분들에게 감사를 표하고자 한다. 이 책의 집필 계획을 격려해 주시고 초고를 읽어 주신 저스틴 테일러에게 감사드린다. 데일 모트는 원고를 하나하나 꼼꼼히 읽고 귀중한 제안을 해 주었다. 그의 예리한 눈과 건설적인 제안 덕분에 최종 원고가 처음보다 많이 나아졌다. 졸저의 집필을 격려하고 안식년을 허락해 준 랭카스터 성경 대학 당국과 교수 발전 위원회에도 감사를 표한다. 크로스웨이 출판사의 앨 피셔를 비롯한 편집진은 원고에 대한 아이디어에서부터 만족스러운 책을 출판하는 단계까지의 긴 과정에 걸쳐 수고해 주었다.

내 아내 하이디는 이번에도 온갖 도움을 아끼지 않았다. 아내는 글 쓰는 사람이면 누구나 만족히 생각할 만큼 원고를 친절하고 세심하게 감수하고 교정해 준다. 아내의 부모님이신 키스 하셀호스트와 베벌리 하셀호스트 부부도 초고를 집필하는 데 좋은 제안을 해 주었다. 두 분은 내가 이 책을 헌정하기에 손색이 없을 만큼 이 책에서 제시한 원리들의 좋은 모범이 되신다.

에드워즈의 설교를 어떻게 읽을 것인가

천국에서 우리는 삼위 하나님과의 완전하고 영원한 교제를 누릴 것이다. 또한, 우리는 하나님의 영광을 맛보며 그리스도의 감미로움을 맛볼 것이다. 그리고 성령과의 완벽한 교제를 누리게 될 것이다. 그럼 지금부터 당장 그런 삶을 살면 안 될까?

천국에는 말다툼, 불평불만, 부당한 행위가 없다. 평안과 조화와 정의가 천국의 질서이다. 우리는 하나님을 온전히 사랑하며 심지어 우리의 모든 형제, 자매들도 그리스도 안에서 온전히 사랑하게 될 것이다. 그럼 왜 지금부터 그렇게 살지 못할까? 그렇게 못할 이유가 없다. 사실 그렇게 사는 것이 당연하다.

C. S. 루이스Clive Staple Lewis는 이렇게 말한 적이 있다. "역사책을 읽어 보면 현세를 위해 가장 많은 일을 한 그리스도인들이 곧 내세에 대해 가장 많이 생각한 이들이라는 사실을 알게 된다." 바로 그런 그리스도인 가운데 대표적인 사람이 조나단 에드워즈Jonathan Edwards이다. 우리는 에드워즈에게서 천국은 단지 먼 미래의 문제

만이 아니라는 사실을 배우게 된다. 천국은 우리가 잠시 거쳐 갈 이 땅에서의 모든 삶의 영역들과 관계가 있다. 에드워즈는 우리에게 이 땅에서의 삶을 천국의 관점에 비추어 살며 천국의 실재와 아름다움을 조금이라도 이 땅 위에 실현시키도록 노력해야 할 의무를 일깨워 준다.

에드워즈의 책들을 펴 보면 어디서나 그의 천국에 대한 생각과 그러한 생각을 통해 우리의 삶이 어떻게 변화되어야 하는지에 관한 내용을 접하게 된다. 이 책의 각 장에서 나는 태산과도 같은 에드워즈의 수많은 글들 가운데서 우리의 관심사와 관련된 몇 편의 설교문을 모아 보았다. 이 설교들은 우리에게 격려와 교훈을 줄 것이다. 천국의 영광에 대한 에드워즈의 강력한 비전을 찬란하게 보여주며 우리를 격려할 것이다. 또 우리가 그리스도에게로 나아온 때부터 우리의 본향인 천국으로 갈 때까지 이 땅에서 어떻게 살 것인지를 분명하고 설득력 있게 교훈할 것이다.

에드워즈의 설교들은 현대의 독자들도 충분히 읽고 적용할 수 있다. 그렇지만 그의 설교는 지금 시대와는 분명 다른 시대, 설교를 그 무엇보다도 중시했던 청교도 시대의 설교다. 청교도들은 설교자에게서 많은 것을 기대했고 설교자들도 회중에게 많은 것을 기대했다. 이 점을 이해하기 위한 한 가지 방법은 청교도 설교의 구성 방식을 이해하는 것이다.

모든 청교도 설교는 구성이 똑같다. 청교도 설교는 다음과 같이 세 부분으로 이루어진다.

- 본문
- 교리
- 적용

청교도들은 성경 본문으로 설교를 시작했는데 본문은 보통 성경의 한 절이나 작은 단락이었다. 그들은 (늘 그렇지는 않았지만) 대개 본문을 읽은 다음 그 본문에 대해 간략한 설명을 덧붙였다. 그리고 다음으로 교리를 제시했다. 교리는 단 한 문장으로 제시한 다음 세부적인 초안에 따라 여러 단락으로 나누어 설명해 나갔다. 그들은 하나의 교리에서 보통 두 가지에서 다섯 가지, 또는 그보다 많은 핵심적 주제들을 도출해 냈다. 이러한 핵심 주제들은 대체로 하위의 주제들을 포괄하는 경우가 많았다. 청교도들은 설교를 매우 진지한 일로 받아들였고 최선을 다해 열심히 준비해야 마땅한 일로 여겼다.

청교도들은 적용으로 설교를 끝마쳤다. 그들은 적용을 "유익use"("이 교리가 내게 무슨 '유익'이 있지?" 라고 말할 때와 같은 의미로) 또는 "향상improvement"("이 교리가 어떻게 내 삶을 향상시키지?" 라고 말할 때와 같은 의미로)이라고 불렀다. 적용 부분의 분량은 대체로 교리 부분과 비슷했다. 적용에도 여러 주된 요점과 부수적인 요점들이 포함되었다. 청교도들은 때때로 설교의 첫 부분을 오전에 설교하고 적용 부분을 오후에 설교하기도 했다.

독자들은 에드워즈의 거의 모든 설교에서 이와 같은 구성 방식을 발견할 수 있다. 이후의 각 장에서, 나는 에드워즈가 자신의 설교에서 사용한 이러한 구성 방식을 그대로 반영해서 설교의 "교리" 또는 "적용"이라는 말을 쓸 것이다.

오늘날 대부분의 설교와는 다른 이런 설교 구성 방식을 잘 알고 있으면 에드워즈의 설교문을 읽는 데 도움이 된다. 또한 에드워즈가 그리스도인의 삶이라는 문제에 어떻게 접근했는지를 아는 것도 도움이 된다. 에드워즈를 설명하는 한 가지 방식은 그를 지성과 감정을 함께 강조한 사람으로 보는 것이다. 실제로는 지성과 감정이 함께 '불붙어on fire' 있다고 말하는 편이 더 적절할지도 모른다. 에드워즈는 삼위 하나님에 대해 말할 때, '맛보다, 느끼다, 즐기다, 갈망하다'와 같은 말들을 '알다, 이해하다, 숙고하다'와 같은 어휘들과 함께 사용했다. 그는 이런 위험한 ― 좋은 의미에서 ― 단어 조합을 사용한 보기 드문 실례였다. 이 점도 이어지는 내용 속에서 분명히 드러날 것이다.

마지막으로, 에드워즈는 자신이 이렇게 계속해서 많은 이들의 관심을 받고 있다는 사실을 알면 매우 쑥스러워할지도 모른다. 에드워즈가 우리에게 좋은 안내자인 이유는 그가 성경과 그리스도를 너무나 잘 보여 주고 자신은 재빨리 옆으로 비켜난다는 의미에서만 그런 것이 아니다. 나는 천국에 대한 소망과 천국의 실현 사이에서 살아가는 이 땅에서의 그리스도인의 삶에 관해 나름대로 생각해 오면서 에드워즈를 매우 건전하고 자극제가 되며 능력 있는 안내자라고 느꼈다. 그러나 에드워즈가 우리의 '궁극적인' 안내자는 아니다.

「히브리서」 기자는 그리스도인다운 삶을 사는 문제에 대해 많은 것을 언급했다. 그는 심지어 우리가 더 나은 하늘의 본향을 향해 이 땅을 여행하는 동안 우리를 격려하기 위해 과거의 신앙 위인들의 행적을 거론한다(「히브리서」 11장). 그러나 그 뒤에 「히브리서」 기자는 우리에게 궁극적인 본을 제시하면서 "믿음의 주요 또 온전하게 하시는 이"(히 12:1)인 예수를 바라볼 것을 촉구한다. 아마 에드워즈도 「히브리서」 기자의 말에 백 퍼센트 동감할 것이다.

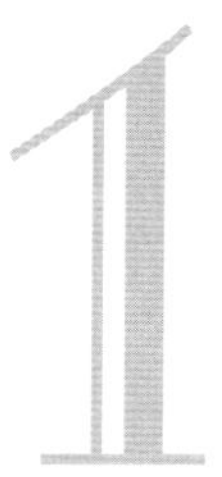

이 땅에서의 삶

바울은 언젠가, 이 세상을 떠나 그리스도와 함께 있고 싶다고 말한 적이 있다(빌 1:23). 그 편이 훨씬 더 유익하고 "훨씬 더 낫다"고 생각했기 때문이다. 나는 많은 그리스도인들이 바울의 말에 공감할 것이라고 생각한다. 이 세상과 이 땅에서의 삶에는 그들의 관심을 끌 만한 일이 별로 없다. 그들의 마음은 다른 곳에 가 있다. 하지만 어떤 그리스도인들은 그렇게 생각하지 않을지도 모른다. 이 세상이 그들에게 많은 것을 제공하고 그런 것들을 갖고 싶은 욕구가 너무 커서 그들은 천국을 멀리 떨어져 있는 곳으로 느낄지도 모른다.

그러나 두 가지 관점 다 부족한 면이 있다. 바울은 분명히 이 세상을 떠나는 편이 더 좋다고 했지만 빌립보 교인들에게 "내게 사는 것이 그리스도니"라고 말하면서 "그러나 만일 육신으로 사는 이것이 내 일의 열매일진대"(빌 1:22)라는 말도 덧붙였다. 바울은 천국에 있기를 소망했다. 그러나 자신은 이 땅 위에서 살아야 하며 이 땅에서의 삶에도 의미와 목적과 가치가 가득할 수 있고 풍성한 열매를 맺을 수도 있음을 아울러 알았다.

생전에 남긴 말뿐만 아니라 그 흉내 낼 수 없는 독특한 목소리로도 유명한 제임스 몽고메리 보이스James Montgomery Boice는 2000년 4월에 누구나 접할 수 있는 암울한 소식을 접했다. 다름 아닌 간암에 걸렸다는 진단을 받은 것이다. 이제 몇 달 후면 이 세상을 떠나야 한다는 통보였다. 암 선고를 받기 직전이자 이미 많은 책과 주석을 쓴 후인 1999년에 보이스는 새로운 분야인 찬송가 작사에 손을 대기 시작했다. 그리고 이 땅에서의 마지막 해가 될 그 다음 해에 그는 십여 편의 찬송가를 작사했고 그가 담임하는 교회의 음악가 겸 오르간 연주자인 폴 존스가 그 가사들에 곡을 붙였다.

이 찬송가들은 보이스가 생전에 마음속에 간직한 교리들을 담고 있다. 그 중에서도 특히 한 곡은 '우리의 구원이 오직 하나님의 은혜로 말미암는다(라틴어로 '솔라 그라티아 *sola gratia*')'는 위대한 종교개혁의 교리를 찬미한다. 사실상 이 찬송가는 모든 그리스도인의 삶의 이야기이다. 우리는 타락하여 죽어 있는 죄인으로 출발한다. "그러나 하나님이". 이는 매우 의미심장한 한 쌍의 단어이다. 그분의 궁휼과 사랑으로 그리스도 안에서 우리를 새롭게 되살리는 은혜를 베푸신다(엡 2:4-5). 다음으로 보이스는 4절에서 이렇게 선언한다. "구주를 자랑하고 모든 공로를 부인하며 죽는 날까지 하나님께 영광 돌리리라." 만일 우리가 이 찬송가를 작사했다면 아마도 가사 내용에 진심으로 '아멘'을 외치며 거기서 마침표를 찍었을 것이다.

그러나 보이스는 거기서 멈추지 않았다. 그는 계속해서 5절 가사를 다음과 같이 시작한다. "그러나 내게는 아직 할 일이 남아 있네." 그의 온 생애는 이 땅에서의 삶을 충실히 살겠다는 그의 결연한 의지를 보여주는 산 증거이다. 암이 남은 기력을 점점 앗아가는 순간에도 그는 인생의 마지막 날들을 끝까지 찬송가를 작사하며 하나님을 섬겼다. 보이스는 내세의 영광에 몰입했고 그 와중에서도 그의 영원한 본향은 이 땅에서의 삶과 모든 면들과 연관되었다. '이제' 그는 우리에게 해야 할 일이 있다고 말한다.

천국을 간절히 소망한 또 한 사람을 말하라면 디트리히 본회퍼(Dietrich Bonhoeffer)를 빼 놓을 수 없다. 나치에 붙잡혀 투옥된 본회퍼는 말년을 가로 150cm, 세로 220cm 크기에 불과한 감방 안에서 보냈다. 처음에 그는 절망에 사로잡혀 자살의 유혹에 굴복할 뻔했다. 그러나 그는 하나님의 은혜로 이 땅에서의 삶에 대한 완전히 새로운 관점을 발견했다. 테겔 교도소의 감방에서 그는 이렇게 썼다. "그리스도인의 부활의 소망은 …… 완전히 새로운 방식으로 그리스도인을 이 땅에서의 삶 속으로 되돌려 보낸다." 그는 계속해서 이렇게 말한다. "그리스도인에게는 이 땅에서의 사명과 어려움에서 도피할 수 있는 최후의 보루란 없다." 마지막으로 그는 이렇게 결론짓는다. "이 세상을 섣불리 아무렇게나 살아서는 안 된다."[1]

그로부터 1년 안에 본회퍼는 플로센뷔르크 강제 수용소에서 형장의 이슬로 사라진다. 또 바로 그 해에 본회퍼는 불후의 대작을 쓰기도 했다. 본회퍼와 보이스는 둘 다 나그네로서의 삶에 충실하며 이 땅에서의 삶을 아무렇게나 살지 않기로 결심한 이들이었다.

제 3의 길

모든 사람이 보이스와 본회퍼의 관점에 공감하는 것은 아니다. 앞에서 말했듯이 어떤 이들은 지나치게 내세에 몰두한다. 그들은 '너무 영적'이어서 이 땅에서는 별 쓸모가 없다. 그들은 최초의 그리스 철학자로 일컬어지는 탈레스Thales와 닮았다. 별들과 은하수는 탈레스의 호기심을 사로잡았다. 그래서 탈레스는 삶의 의미라는 궁극적 질문에 대한 해답도 하늘에 숨겨져 있을 것이라고 생각했다. 그는 이 일에 너무나 몰두한 나머지 종종 주변 상황은 까맣게 잊은 채 하늘만 뚫어져라 쳐다보며 걷곤 했다. 전설에 따르면 어느 날 그는 땅을 보지 않고 하늘만 열심히 바라보며 걷다가 크게 넘어져 다쳤다고 한다. 어떤 이들은 너무 영적이어서 탈레스처럼 자신과 다른 사람들에게 위험한 존재가 된다.

그런 관점은 결국 현실도피보다 나을 게 별로 없다. 그런 관점을 취하는 이들은 이 세상에서의 하나님의 영광에 대해서는 거의 신경을 쓰지 않고 사람들을 단순히 "영혼"으로 생각하며 대개의 경우 일상생활에 무관심한 경향이 있다. 중세 시대에 이런 경향을 가진 사람들은 수도원에 들어가서 그 안에만 틀어박힌 채 영적으로만 하나님을 섬겼다. 지금도 이런 사람들이 있는데, 그들은 수도원 같은 자신들만의 내면세계 속에 칩거하며 그 안에서만 마음 편히 살려는 경향이 있다. 이런 종류의 수도생활은 사람마다 그 형태가 서로 조금씩 다르다.

어떤 이들은 이른바 과장된 종말론에 사로잡혀 산다. 종말론이란 신학자들이 말세에 대한 성경의 가르침을 묘사하기 위해 쓰는 단어이다. 밀러드 에릭슨Milard Erickson은 극단적인 종말론 교리에 사로잡힌 사람들을 "종말론 광신도"라고 부른다. 이들은 입만 열었다 하면 휴거 아니면 그리스도의 재림을 이야기한다. 그들은 자기들만의 계시록에 정통하다. 그리스도가 다시 오시기를 갈망하는 것은 전혀 잘못된 일이 아니다. 바울과 베드로, 요한도 재림을 갈망했고 그들 모두 여러 가지 면에서 우리에게도 재림을 갈망하라고 명했다. 그러나 사도들은 우리의 하늘을 향한 비전과 갈망으로 인해 이 땅에서 우리 앞에 놓인 길을 소홀히 해서는 안 된다는 점도 분명히 일깨워준다.

　베드로는 「베드로후서」의 수신자들에게 이 세상이 불에 타 없어질 것이라고 말한다(벧전 3:10). 그러나 그는 또한 우리가 이 땅에서 사는 동안 거룩한 삶을 살며 은혜 안에서 자라가야 한다고 한다(벧전 3:11-18). 바울은 "주의 날"이 오고 있다고 말한다. 그러나 그는 동시에 우리가 그 날이 오기 전까지 나태하게 시간을 허비하지 말고 서로 격려하고 덕을 세우며 지내야 한다고 가르쳐 준다(살전 5:1-11). 심지어 바울은 어느 말씀에서는 우리에게 기회 있을 때마다 모든 이에게 선을 행하라고 명령한다(갈 6:10). 이 명령은 분명히 '이' 세상에서 구별된 삶을 살라는 뜻을 내포한 명령이다. 종말론에 지나치게 심취할 때 생기는 문제는 우리도 수도원에 들어간 사람들과 똑같이 이 세상에서의 우리의 부르심과 사명에 소홀해질 수 있다는 점이다.

　어떤 이들은 일종의 "마음의 철옹성"을 쌓는 방법으로 나름의 수도원을 세운다. 이들은 이 세상 속에 살기를 거부하고 대신 완전히 기독교적인 세상을 건설한 뒤 거기서 좀처럼 밖으로 나오지 않는다. 이들은 기독교 라디오 방송국과 기독교 서점에 심취하며 심지어 수도꼭지를 수리할 때도 기독교인 수리공을 부른다. 이들은 지금 당장 천국에 갈 수 없다면 이 땅에서라도 천국을 건설해야 직성이 풀린다. 이들은 죽는 것이 오히려 유익하다는 바울의 말에 전적으로 동감한다. 그러나 이들은 바울처럼 "육신으로"(즉, 이 땅에서 몸으로) 사는 삶이 "내 일의 열매"(빌 1:22)라고 말하는 법은 잘 모른다.

반면 어떤 이들은 문자적으로나 비유적으로 '수도원'에 들어간 그리스도인들과는 대조적으로 이 세상에 현혹되어 세상에 사로잡힐 위험도 불사한다. 이들에게 기독교 신앙이란 좋은 부모가 되기 위한 요령, 또는 수표책을 결산하거나 사업을 운영하거나 마음의 평정을 찾는 법 이상을 의미하지 않는다. 이들에게 이 세상은 다음 세상을 능가한다. 이들은 수도원 근처에는 얼씬도 하지 않으려 한다. 이들은 이 세상의 일에 온통 사로잡혀 있고 세상 정욕의 지배를 받다. 이들은 자신들이 추구하는 목표를 기독교적인 용어를 사용해 가며 정당화하는 데는 능수능란할지 모르지만 이들의 마음은 하늘 본향을 향하지지 않는다. 예전에 자주 쓰던 말로 에둘러 표현하자면 이런 사람들은 너무 세속적이어서 천국을 별로 매력적으로 생각하지 않는다. 이들더러 수도원 안에서만 살라고 한다면 이들은 아마 밀실 공포증을 느낄 것이다. 그래서 수도원을 뛰쳐나와 세상 사람들과 섞여 사는 편을 더 좋아할 것이다. 심지어 유행을 선도하는 위치에 서는 것도 마다하지 않을 것이다. 이들은 세상을 회피하기는커녕 세상 속에서 편안함을 느낀다. "죽는 것도 유익"하다는 바울의 믿음은 이들에게는 별로 말이 되지 않는다.

이와 같은 딜레마에 대한 해답은 단순히 육신적인 마음과 영적인 마음 사이에서 균형을 추구하는 것보다는 더 깊은 차원에 있다.

우리는, 단순한 균형과는 근본적으로 다른 관점 즉, 보이스가 자신의 찬송가에서 말했고 본회퍼가 감옥에서 외쳤으며 바울이 빌립보 교인들에게 편지로 보냈고 에드워즈가 설교를 통해 전한 그 관점을 취할 때 그 해답을 얻을 수 있다. 이 근본적인 관점은 한편으로는 현실 도피에서, 다른 한편으로는 이 세상에 현혹되고 흡수되고 사로잡힌 삶에서 우리를 구원해 준다. 과도하게 영적인 사고방식과 과도하게 세속적인 사고방식 사이에는 제3의 길, 즉 내세의 관점에서 이 세상을 살아가는 길이 있다. 좀 더 단도직입적으로 말하자면, 그것은 바로 이 땅에서의 천국의 비전이다.

바울과 보이스와 본회퍼가 표현한 것을 잘 깨달은 이들이 있다. 존 번연John Bunyan의 『천로역정』의 주인공인 '그리스도인'이 십자가 앞에 나와 죄의 짐이 그의 등에서 벗겨지는 순간 그를 곧바로 천국으로 데려갈 기적의 '불수레와 불말'은 그 어디에도 없다. 오히려 그 반대였다. 『천로역정』은 '그리스도인'이 십자가에서 영원한 본향인 하늘의 도성으로 여행하는 길에 때로는 고통스러운 순간도 있고 때로는 승리의 순간도 있음을 보여준다. '그리스도인'은 '의심의 성'에 사는 '절망 거인'에게 사로잡히거나 '허영의 시장'에서 소비 지상주의에 취한 군중들의 비웃는 소리를 듣는 등 온갖 어려움을 겪는다. '그리스도인'이 때때로 아주 느리게 여행할 때는 하늘의 도성의 실재에 비추어 삶을 사는 법을 배운다. 그는 천성 문에 들어가 본향에서 안식하기를 갈망하지만 이 여정을 끝까지 완주해야 한다. 그의 눈은 전방에 펼쳐진 하늘의 도성과 발밑에 놓인 길을 동시에 바라본다. 우리는 번연의 소설 속 등장인물에 번연 자신의 모습을 중첩시켜 볼 수도 있다. 번연은 감옥 안에 있을 때나 사역을 할 때나 이 땅에서의 삶, 이 땅 위에서 하늘을 바라보며 사는 삶의 모범을 보여 주었다. 그러나 아마도 조나단 에드워즈보다 이러한 삶의 모습을 감동적으로 표현한 사람은 없을 것이다.

우리들 대부분은 (에드워즈의 글을 하나라도 읽어본 적이 있다면) 그의 유명한 설교 "진노하시는 하나님의 손 안에 든 죄인들 Sinners in the Hands of an Angry God"을 읽어 본 적이 있을 것이다. 우리는 에드워즈가 지옥에 대해 많은 말을 한 것으로 알고 있다. 그런데 우리가 잘 모르는 점은 에드워즈가 천국에 대해 훨씬 더 많은 말을 했다는 사실이다.

조나단 에드워즈 약전(略傳)

조나단 에드워즈는 흥미로운 시대에 태어났다. 당시, 옛 청교도 시대는 사라지고 새로운 시대가 오고 있었다. 에드워즈가 눈을 감을 무렵에 식민지는 이제 새로운 국가로 탈바꿈하기 직전이었다. 그러나 조나단 에드워즈는 청교도 시대에 두 발을 굳건히 디딘 인물이었고 대영 제국의 시민이었다(그는 스코틀랜드의 친구들에게 보낸 편지에서 늘 "우리나라"라는 표현을 썼다). 그러나 그가 식민지에서 살았다는 사실은 그에게도 영향을 미쳤다.

에드워즈의 아버지는 그의 할아버지, 삼촌들, 사촌들과 마찬가지로 목사였다. 티머시 에드워즈Timothy Edwards와 세라 스토더드 에드워즈Sarah Stoddard Edwards 슬하의 외아들로 태어난 그에게는 열 명의 누이가 있었다. 그의 누이들은 특히 아버지가 캐나다 및 인디언 군대와 교전중인 영국군 부대에서 군목으로 종군하기 위해 출타해 있는 동안 그에게 라틴어를 가르쳤다. 그의 어머니는 책과 학문과 지성적인 삶에 대한 사랑을 그의 마음속에 심어 주었다. 그의 아버지 티머시는 그에게 목회 사역의 성공과 실패를 보여주는 산 교과서였다. 티머시는 하버드를 졸업한 뒤 수목이 우거진 아름다운 코네티컷 강 계곡을 따라 자리 잡은 코네티컷 이스트윈저 마을에 정착했다. 그리고 그 마을에서 60년 동안 목회했다.

이스트윈저에서 티머시 에드워즈는 최고의 시절과 최악의 시절을 모두 경험했다. 현존하는 가장 오래된 조나단의 편지는 그가 당시에 보스턴에 살고 있던 누이 메리에게 보낸 것인데, 그 편지에서 그는 "성령의 놀라운 감동하심과 부으심"에 대해 말했다. 이스트윈저에 부흥이 찾아왔던 것이다. 그보다 10년 전에 티머시 에드워즈가 교회 집사들에게 보낸 한 편지가 지금까지 전해 오는데 그 편지에서 티머시는 집사들에게 1705년에 받은 사례금에 대해 감사를 표하면서 1703년의 사례금은 물론이고 1704년의 사례금도 아직 다 못 받았다는 사실을 상기시키고 있다. 어린 조나단은 이런 모든 좋은 일과 안 좋은 일들을 보고 배우며 자라났다.

13세 때 에드워즈는 대학에 갈 나이가 되어 예일 대학으로 진학했다. 그는 예일 대학에서 학사 학위(1720년)와 석사 학위(1723년)를 받았다. 그 사이 19세 때 그는 첫 번째 교회에서 목회를 시작했다. 모교회에서 분리되어 나온 일단의 성도들로 구성된 그 교회는 오늘날 뉴욕의 월 스트리트와 브로드 스트리트의 경계 부근에 위치해 있었다. 에드워즈는 꼼꼼하게 설교를 준비했고 허드슨 강을 따라 말을 타고 다녔다. 그리고 어떻게든 갈라져 있는 성도들에게 다시 연합하도록 권면하려고 애썼다. 그렇게 목회 사역에 애쓰던 에드워즈는 석사 학위 논문을 쓰기 위해 잠시 고향으로 내려갔다. 그 후 그는 2년간 개인 지도 교수 또는 강사로 예일 대학에서 봉직했다. 뉴 헤이븐에서 에드워즈는 세라 피어폰트Sarah Pierpont를 만났다(더 정확히 말하자면, 그녀에게 한 눈에 반했다).

마침내 에드워즈는 외할아버지 솔로몬 스토더드의 부탁을 받고 할아버지의 교회에서 부목사로 섬기게 되었다. 스토더드는 조나단의 어린 시절 고향인 이스트윈저에서 코네티컷 북쪽에 위치한 매사추세츠 노샘프턴에서 목회하고 있었다. 에드워즈는 1727년에 노샘프턴에 부임했고 같은 해에 세라와 결혼했다. 두 사람은 에드워즈의 부모와 마찬가지로 슬하에 열 한 자녀를 두게 되는데, 그 중 아들이 셋, 딸이 여덟이었다. 두 사람이 결혼한 지 얼마 되지 않아 스토더드는 식민지에서 가장 큰 교회 중의 하나인 노샘프턴 교회에 에드워즈 한 사람만을 목회자로 남겨 둔 채 눈을 감았다.

1730년대에 노샘프턴과 코네티컷 강기슭의 다른 여러 마을에 부흥이 찾아왔다. 1740년대 초에도 또 한 번의 부흥의 파도가 같은 지역을 휩쓸고 지나갔는데 이번에는 식민지 전 지역을 포함하는 넓은 지역으로 퍼져 나갔다. "대각성 운동 Great Awakening"으로 알려진 이 사건은 그 영향력으로 보면 미국 독립 전쟁에 버금가는 사건이었다. 에드워즈는 영국 출신의 부흥사 조지 휫필드George Whitefield와 더불어 대각성 운동의 중심에서 맹활약했다.

그러나 그가 어릴 때부터 익힌 교훈처럼, 승리 뒤에는 시련이 기다리고 있었다. 1740년대 중반부터 말엽까지 에드워즈는 산 정상에서 내려와 깊은 골짜기를 지나가게 되었다. 이 골짜기는 결국 그의 목사직 해임으로까지 이어지게 될 노샘프턴 교회와의 갈등이었다. 에드워즈는, 영적으로 뜨거웠던 교인들이 부흥 이후 신앙적인 열심이 급격히 식어버린 현실을 목격했다. 이에 대한 대응책으로 에드워즈는 무엇보다 먼저 그의 할아버지가 세웠고 그 자신이 오랫동안 못마땅하게 여겨 왔던 한 가지 관행, 곧 성찬식에 누구나 참여하는 관행을 혁파했다. 스토더드는 성찬을 "회심을 위한 성례"로 여기고 그리스도에 대한 신앙 고백 여부와 상관없이 누구나 성찬에 참여할 수 있게 했다. 에드워즈가 이와 같은 스토더드의 관행을 폐지하자 온건한 회중들도 더 이상 가만히 있지 않았다. 결국 회중주의의 방식에 따라 교인들은 1750년 6월 22일에 표결로 에드워즈를 해임했다.

에드워즈는 변경 지역으로 발걸음을 옮겼다. 1750년에 에드워즈는 노샘프턴에서 약 50마일 서쪽에 위치한 스톡브리지라는, 생긴 지 얼마 안 되는 변경 마을로 이주했다. 이 마을은 250여 명의 모호크 족과 모히칸 족, 그리고 십여 명 영국인들의 삶의 터전이었다. 부흥사이자 학자 겸 목회자였던 에드워즈는 이제 선교사가 되었다. 그는 이곳에서 7년 동안 사역했는데 여기서도 마찬가지로 영욕을 함께 맛보았다. 그 후 에드워즈는 1757년 겨울에 프린스턴 대학의 총장으로 취임해 달라는 요청을 받았다. 에드워즈는 이 요청을 받아들여 1758년 1월에 프린스턴 대학에 도착했다. 총장 직무를 시작한 지 몇 주 후 그는 천연두 예방 접종을 받았다. 그 이유는 한편으로는 학생들에게 예방 접종을 안심하고 받아도 된다는 것을 보여주기 위해서였고 다른 한편으로는 그의 평생에 걸친 과학 발전에 대한 믿음 때문이었다. 그러나 그는 주치의의 표현을 빌면 "2차 발열"에 걸렸다. 짧지만 격렬한 고열 증상에 시달리던 에드워즈는 끝내 1758년 3월 22일에 세상을 떠났다. 그러나 그는 교회에 두고두고 큰 영향을 줄 위대한 유산을 이 땅에 남겨 놓았다.

에드워즈 관련 연구서들은 그와 동시대의 식민지인이었던 벤저민 프랭클린Benjamin Franklin과 조지 워싱턴George Washington에 관한 연구서들보다 훨씬 많다. 신학자, 목회자, 평신도 모두 그의 사상과 생애에 계속해서 주목하고 있다. 그가 태어난 지 3백 년이나 지난 오늘날에도 그는 여전히 우리에게 많은 것을 가르쳐 준다. 앞으로 그와 관련된 여러 일화들을 계속 살펴보겠다. 이 장에서 설명한 내용은 그의 생애를 개략적으로만 살펴본 것이다. 우리는 이러한 내용을 배경으로 그의 사상을 살펴볼 수 있는데, 그의 사상 중에 결코 적지 않은 부분이 이 땅에서의 삶에 대한 비전, 즉 다음 세상으로 여행하는 과정으로서의 이 세상에서의 삶에 대한 비전과 관련되어 있다.[2]

에드워즈의 비전을 어떻게 이해할 것인가

이 땅에서의 신자들의 삶에 대한 이러한 비전은 에드워즈의 삶과 설교를 통해 찬란한 빛을 발한다. 에드워즈는 성경에서 그러한 비전을 발견했고 조용한 시간에 이를 놓고 묵상했으며 그 의미를 가지고 씨름했다. 그런 후에 설교단에 서서 노샘프턴과 스톡브리지의 회중들에게 이 비전을 간결하고 아름답게 선포했다. 이 비전이 그의 손을 거쳐 강한 설득력을 가진 메시지가 된 이유는 바로 그 비전으로 인해 에드워즈 자신의 삶이 변화되었기 때문이었다. 그는 내세의 실재와 본질을 현세의 삶과 관련짓는 그리스도인의 삶의 비전을 이 땅에서의 삶의 진정한 의미에 대한 혜안으로 삼았다. 그의 교회에 대한 비전은 다가올 세상의 원리와 명령에 따라

이 세상을 사는 구속받은 공동체를 이루는 것이었다. 그는 하늘에 사로잡힌바 되었다. 그러나 그것은 단순한 천상의 비전이 아니었다. 그는 너무나 많은 진지한 그리스도인들에게 만연해 있는 현실 도피의 오류에 빠지지 않았다. 내세에 대한 그의 비전은 이 땅에서의 삶과 밀접한 관련이 있었다. 조나단 에드워즈에 따르면 이 땅에서의 삶은 지상 천국의 비전을 가지고 사는 것을 뜻했다. 이것이야말로 참으로 선한 삶이며 살 만한 가치가 있는 유일한 삶이다.

물론 노샘프턴과 스톡브리지에서 모든 일이 다 잘 된 것은 아니었다. 그의 설교에 담긴 이러한 비전이 언제나 실제로 실현된 것은 아니었다. 구속받은 공동체가 늘 천국의 빛에 비추어 살아간 것도 아니었다. 심지어 에드워즈 자신도 때로는 균형 감각을 잃고 천국에 대한 비전의 예리한 기준을 상실했다. 결국 에드워즈도 완벽한 인간은 아니었다. 그러나 이러한 결점들 때문에 그가 보여준 모범이 힘을 잃게 되는 것은 아니다. 오히려 그런 결점들이 그가 보여준 본을 더 매력적으로 만드는 요인이 된다.

몇 년 전 전국적인 체인망을 확보한 한 스포츠 센터는 다음과 같은 광고 문구를 내보낸 적이 있다. "만약 약 한 병만 먹으면 날씬하고 건강한 몸매를 가질 수 있다면 누구나 그 약을 먹으려 할 것이다." 나는 종종 이런 광고가 과연 효과가 있을지 의문이 들었다. 결과적으로 이 광고는 우리에게 건강의 지름길은 없다고 말하고 있다. 그렇다. 우리는 그 말이 사실이라는 것을 알지만 그 말을 들고 싶어 하지는 않는다. 우리는 좀 더 쉬운 길을 선호한다. 만일 에드워즈가 마법의 지팡이를 한 번 휘두르는 것으로 회중들이나 자신이 이 세상에 절대 사로잡히지 않고 영적인 일에만 신경 쓰는 그리스도인의 현실도피적인 경향에서 벗어나게 할 수 있었다면 그는 아마도 주저하지 않고 그렇게 했을 것이다. 그러나 마법의 지팡이 따위는 없다. 결국 그 광고가 옳은 것이다. 한 병만 먹으면 저절로 건강해지는 약은 없다.

에드워즈는 자신이 말한 그 비전대로 살려고 노력했지만 늘 완벽하지는 못했다. 우리는 그가 그 비전에 걸맞게 살았던 때와 그렇지 못했던 때 모두 그에게서 교훈을 얻을 수 있다. 이어지는 여러 장에서 우리는 이 땅에서 사는 법, 이 땅에서 천국의 비전을 가지고 사는 법을 이해하기 위해 그의 몇 편의 설교에 귀를 기울이고자 한다.

다음에 이어질 각 장의 내용은 구체적인 에드워즈의 설교에서 힌트를 얻은 것이다. 2장에서는 에드워즈가 「고린도전서」 13장을 강해한 연속 설교에서 "천국은 사랑의 세계입니다 Heaven Is a World of Love"라는 마지막 설교를 통해 우리의 천국을 향한 여정을 점검해 볼 것이다. 3장에서는 그의 초기 설교 가운데 "신앙의 즐거움 The Pleasantness of Religion"을 살펴볼 것이다. 이 설교는 천국 시민으로서의 삶에 대해 우리가 일반적으로 가지기 쉬운 관점과는 조금 다른 관점을 제시한다. 여기서 우리는 청교도에 대한 우리의 일반적인 선입견과는 달리 기독교란 이 세상에서 기쁨을 추구하는 것이라고 말하는 에드워즈의 모습을 보게 된다. 4장에서 에드워즈는 "사랑의 실천 Much in Deeds of Charity"이라는 설교를 통해 우리에게 올바르게 살고 행동해야 할 소명을 가르쳐 준다. 이 설교에서 우리는 에드워즈가 스톡브리지에서 모히컨 족 및 모호크 족 인디언들 사이에서 생활하고 사역하면서 어떻게 자신이 가르친 대로 모범을 보여 주었는지를 보게 될 것이다. 때때로 우리는 주변 세상을 바라보면서 정의는 다음 세상에서나 실현될 것이라는 체념적인 생각에 굴복한다. 그러나 그 말이 맞다 하더라도 그 때문에 이 세상에서는 아무 일도 안 하는 것이 정당화되지는 않는다. 에드워즈는 어떻게 우리가 이 불의한 세상을 변화시키는 주체가 될 수 있는지를 생각하게 해 준다.

기다리는 일을 좋아할 사람은 아무도 없다. 우리는 어린 시절에 기다리는 일을 별로 좋아하지 않았고 지금도 기다리는 일을 그다지 좋아하지 않는다. 에드워즈의 설교 "내 구속자가 살아 계시니 I Know My Redeemer Lives"는 우리가 이 땅에서 기다리는 동안 무엇을 해야 할지에 대한 흥미로운 관점을 제시한다. 이것이 5장의 주제이다. 더 나아가 6장에서는 "천국에서 하나님 섬기기 Serving God in Heaven"라는 설교를 다룬다. 이 설교에서 에드워즈는 우리가 천국에서 할 일이 지금 해야 할 일의 훌륭한 모범이 된다는 사실을 깨달을 것을 통찰력 있게 촉구한다. 에드워즈는 딸에게 보내는 편지에서 온 가족이 "마침내 그곳에서 만나기를" 바라는 소망을 밝힌 적이 있다. 그의 목표는 온 가족이 천국에서 상봉하는 것이었다. 이 목표는 세상의 여정이 끝날 때 간단히 성취될 수 있는 것이 아니었다. 에드워즈는 현세와 내세 사이에서 살면서 삶의 모든 단계마다 이 목표를 나침반 삼아 살았다. 마지막 장에서 우리는 "참된 그리스도인의 삶은 천국으로 향하는 여행입니다 The True Christian's Life a Journey Toward Heaven"라는 그의 설교를 보면서 이와 같은 역동적인 관점을 살펴볼 것이다.

이 세상에서의 삶에 대한 에드워즈의 비전은 단순히 그 자신에게만 해당되는 비전이 아니었다. 또 그에게서 비롯된 비전도 아니었다. 그러한 비전은 성경 안에 녹아들어 있는 사상이다. 우리는 에드워즈의 말에 경청하는 동안 성경에서부터 들려오는 이 영광스런 주제의 메아리를 듣게 될 것이다. 우리는 또 다른 나라를 향해 가고 있으며 그 나라의 풍속에 따라 살도록 부르심 받은 순례자라는 사실을 깨달을 것이다. 그와 동시에 그 나라에 가기까지의 여행 과정도 중요하다는 사실을 배울 것이다. 그럼으로써 이 땅에서의 삶의 가치를 배우게 될 것이다.

천국으로 가는 길

천국이 사랑의 세계라면 천국으로 가는 길은 사랑의 길이다.
_조나단 에드워즈, 1738

표면적으로 보면 에드워즈는 이 땅에서의 천국의 비전을 삶으로 보여주는 대변자처럼 보이지 않는다. 그는 지나치게 천국에 관심을 쏟는 이들 편에 더 가까워 보인다. 우리는 그를 내세에 사로잡혀 현세와 현세의 기쁨에 대해서는 거의 신경을 쓰지 않는 완벽한 청교도로 생각하는 경향이 있다. 그의 눈은 오로지 위로만 향해 있고 아래는 쳐다보지도 않는 것처럼 생각한다. 에드워즈에 대한 일반적인 통념에 따르면, 그에게 있어서 이 세상에서 가치 있는 일이란 오직 이 세상을 피하고 다가올 하나님의 진노를 피하는 일인 것처럼 보인다. 그러나 사실은 겉으로 보기에만 그렇다. 에드워즈를 좀 더 깊이 알게 되면 그의 천국에 대한 비전은 이 땅에서의 삶과 밀접한 관련이 있음을 발견하게 된다. 에드워즈는 천국에 대해 많은 말을 했지만 천국을 단순히 감미로운 미래로만 여기지는 않았다. 그는 이 세상에 대해서도 단순히 이 세상과 다가올 진노를 피하라는 수준을 훨씬 능가하는 말을 많이 했다. 우리가 이 장에서 살펴볼 "천국은 사랑의 세계입니다"라는 설교만큼 그점을 잘 보여주는 실례도 없을 것이다(이 설교의 대강의 내용은 이 책의 부록에 실려 있다).

조나단 에드워즈 씨, 잠시 일어나 주시겠습니까?

1738년에 에드워즈는 바울의 유명한 시, 「고린도전서」 13장에 대한 연속 설교를 시작했다. 에드워즈는 사랑(love)에 해당하는 흠정역 성경의 번역어를 사용해서 이 연속 설교에 "사랑과 그 열매 Charity and Its Fruits"라는 이름을 붙였다. 그의 이 연속 설교는 마지막 설교인 "천국은 사랑의 세계입니다"에서 절정에 달한다.[3]

그의 이런 면모는 대부분의 사람들이 알고 있는 에드워즈의 모습과는 다르다. 오늘날 절대다수의 독자들은 에드워즈는 늘 굳은 얼굴을 하고 설교할 때 지옥불과 유황의 연기를 토해내던 설교자라는 선입견에 사로잡혀 있다. 이러한 선입견은 많은 사람들에게 친숙한 "진노하시는 하나님의 손 안에 든 죄인들"이라는 설교에서 비롯되었다. 이 설교에서 에드워즈는 죄악을 저지른 인간을 기다리고 있는 무시무시한 운명을 보여주기 위해 여러 가지 이미지를 동원하면서 그 과정에서 진노와 심판의 하나님과 하나님을 전하는 이들을 혐오하는 사람들의 모습을 완벽하게 묘사한다. 사실 에드워즈의 대중적인 이미지는, 하나님께로 가는 길을 막아서려는 듯 손을 번쩍 쳐들고 있는 깡마르고 무서운 사람을 묘사한 20세기의 한 목판화 작품의 그것과 같다. 이러한 에드워즈의 이미지처럼 사실과 거리가 먼 것도 없으며 그것처럼 역설적인 것도 없을 것이다.

그러한 생각이 터무니없는 이유는, 에드워즈의 설교에는 '감미로움, 기쁨, 즐거움, 사랑, 아름다움' 같은 말들이 넘쳐나고 있기 때문이다. 에드워즈는 결코 죄에 대한 하나님의 진노를 선포하기를 주저하지 않았지만 그에 못지않게 강력하고 적극적으로 선하시고 사랑이 많으신 하나님의 풍성한 자비와 은혜를 선포했다. 그리고 그러한 표현은 연속 설교, "사랑과 그 열매"에서 어디서든 쉽게 찾아볼 수 있다. 이 연속 설교의 마지막 편에 이르면 마치 하나님의 선하심과 기쁨과 감미로움과 아름다움과 사랑의 홍수를 더 이상 담아놓을 곳이 없어서 댐의 수문을 활짝 열어 놓은 듯, 그러한 표현들이 쏟아져 나온다. 여러분이 에드워즈에 대한 일방적인 묘사만을 원한다면 그저 "진노하시는 하나님의 손 안에 든 죄인들"을 읽는 데 만족하라. 그러나 에드워즈를 좀 더 전체적으로 알기를 원한다면 그 설교를 읽은 다음 "천국은 사랑의 세계입니다"를 마저 읽으라.

"천국은 사랑의 세계입니다"에서 에드워즈는 우리에게 어떤 한 세계를 상상해 보라고 권유한다. 그러나 그 세계는 가상의 세계가 아니다. 그것은 장차 다가올 실재 세계이다. 이 세계에서는 사랑이 모든 것을 지배한다. 성부 하나님과 성자 예수 그리스도와 성령 하나님의 서로에 대한 사랑이 천국을 가득 채운다. 에드워즈가 묘사하는 천국에는 무한한 사랑의 원천인 하나님이 중심에 있다. 천국에서 하나님은 충만한 삼위일체의 영광 가운데 거하신다. 사랑은 겨우 시냇물처럼 졸졸 흐르는 것이 아니라 강물처럼 흘러넘친다. 마침내 에드워즈는 이렇게 말한다. "이 강물은 점점 불어나 사랑의 바다가 됩니다. 그 바다 속에서 구속받은 영혼들은 감미로운 즐거움 속에 푹 잠길 것입니다. 그리고 그들의 마음은 사랑의 홍수에 휩쓸릴 것입니다." 그곳에는 하나님의 백성에게로 흘러넘치는 삼위 하나님 사이의 완벽한 연합이 있다.

최고의 사랑

천국에서는 사랑과 연합이 아무런 장애물이나 방해 없이 모든 것을 다스린다. 천국에는 비열한 질투심이나 이기적인 사익을 내세우는 개인들의 거만한 모습이 전혀 없다. 우리는 우리가 얻을지도 모르는 이익 때문이 아니라 하나님 자신으로 인해 하나님을 사랑할 것이다. 성도들은 눈곱만큼의 이기심이나 사심도 없이 서로 사랑하게 될 것이다. 에드워즈의 말처럼 "천국에 있는 성도들의 마음속에는 사랑을 실천하고 표현하는 것을 방해하거나 가로막는 것이 아무 것도 없을 것이다." 천국에서의 사랑은 완전하고 순수하며 거룩하다. 천국에서는 짝사랑이 없다. 실망도, 산산이 부서진 소망도, 실현되지 않은 희망도 더 이상 없다. 내세에 대한 에드워즈의 비전속에서는 사랑과 연합이 왕처럼 군림한다. 셰익스피어 William Shakespeare는 햄릿의 입을 빌어 이렇게 말한다. "말에 어울리는 행동을 하고 행동에 어울리는 말을 하라." 내세에 어울리는 말은 사랑이다.

설교의 알맹이에 해당하는 교리 부분에서 에드워즈는 천국에서의 사랑의 근원이자 원천인 하나님과, 천상적 사랑의 대상인 피조물, 그리고 이 순전하고 신적인 사랑의 "행복한 결과와 열매"를 가져오는 천국의 "탁월한 환경"을 탐구한다. 이 모든 것은 천국을 완벽한 세계로 만든다. 그래서 에드워즈는 이 설교의 교리 부분을 다음과 같은 길고 유려한 문장으로 마무리한다.

따라서 성도들은 사랑 안에서 사랑하고 다스릴 것이다. 또한 성도들은, 사랑의 복된 열매이며 지금껏 본 적도 들은 적도 없고 이 세상에서 사람의 마음으로 품어 본 적이 없을 만큼 큰 경건한 기쁨 속에서 영원토록 커져가면서도 영원토록 충만한 기쁨에 사로잡혀 보좌에서 쏟아지는 햇살을 온 몸에 받으며 그리스도와 하나님과 함께 영원토록 살며 다스릴 것이다.

　이 설교에서 지금까지 에드워즈는 천국의 위대한 비전을 제시하며 그 영광스런 광채를 나타내기 위해 온갖 미사여구를 다 동원했다. 그러나 에드워즈는 여기서 멈추지 않는다. 아직 적용 부분이 남아 있다. 에드워즈는 단순히 회중들에게 천국만을 가리켜 보이는 것에 그치지 않는다. 단순히 회중들을 영광에 대한 복된 생각으로 가득 채우는 것에 그치지도 않는다. 한 손으로는 회중들에게 천국을 가리켜 보이면서도 다른 한 손으로는 그들의 관심을 다시 이 땅으로 이끈다. 에드워즈는 이러한 복되고 높고 고매한 생각이 이 땅 위에 올바로 뿌리내리기를 원한다. 다른 사람이 이 설교를 했다면, 이 설교는 아마도 감상적이고 감정적인 설교, 아니 진부한 설교가 되었을 것이다. 그러나 에드워즈는 이 설교를 나름대로 참되고 솔직하며 구체적인 설교로 만들 줄 알았다.

　에드워즈는 적용 부분의 한 강조점을 통해 천국과 우리에게 주신 하나님의 약속의 성취를 기다리는 우리에게 조언을 해 준다. 그의 천국에 대한 비전은 우리가 지금 누리고 있는 행복과 사랑의 맛을 일깨워 줌으로써 기다리는 동안의 긴장감을 이완시키는 데 도움을 준다. 이렇게 하나님의 선하심을 맛보는 것만으로도 기다리는 우리를 만족시키기에 충분할 뿐 아니라 장래에 임할 더 많은 것들에 대한 우리의 갈급함을 자극한다고 에드워즈는 주장한다. 우리는 자신의 경험에 의해 하나님은 선하실 뿐 아니라 그분 자신이 최고의 선임을 깨닫게 된다고 에드워즈는 말한다. 우리는 그분의 선과 장차 도래할 행복을 단지 맛만 보았지만 "그러한 행복은 다른 무엇보다 우리의 기질과 욕구와 소망에 부합되며 우리가 가진 모든 것을 능가할 뿐 아니라 우리가 가질 수 있을 것으로 상상할 수 있는 모든 것을 능가한다. 세상은 그와 같은 것을 결코 가져다줄 수 없다." 이는 단순히 장차 임할 하나님의 선을 기다리는 것이 아니다. 지금 이 순간 경험하는 것이다.

하지만 에드워즈는 적용 부분에서 우리가 수동적으로 기다리는 수준을 넘어 능동적으로 행복을 누리는 문제에 관심을 기울인다. 에드워즈는 우리에게 행동을 촉구한다. 지금까지의 설교에서 에드워즈는 천국이 사랑의 세계임을 적절히 논증해 왔다. 논거를 제시한 그는 이제 다음과 같은 논리적 결론을 도출한다. "천국이 사랑의 세계인 것처럼 천국으로 가는 길은 사랑의 길입니다"라고 그는 말한다. 심지어 그는 더욱더 담대하게 다음과 같이 말한다. "세상의 세계로 가고 싶다면, 사랑의 삶을 살아야 합니다."

어떤 이들은 천국에 들어가기가 매우 불편하다. 그들은 천국에서 전혀 편안함을 느끼지 못한다. 천국의 언어와 풍습은 그들을 혼란스럽게 할 것이며 그들은 천국에서 낯선 땅에 온 이방인이 된 것 같은 느낌을 받는다. 이들은 우리가 서론에서 본 바와 같이 지나치게 세속적인 마음을 가진 사람들이다. 물론 이 말에는 다소의 과장이 있다. 우리는 그런 식의 감정을 느끼는 사람이 정말로 그리스도를 사랑하는 사람인지 의아하게 여기게 된다. 그러나 그리스도를 분명 사랑하면서도 이 세상에 애착이 너무 많은 사람들도 있다. 에드워즈는 그와는 정반대 되는 기준을 제시한다. 에드워즈가 생각하는 모범은, 진실하게 하나님과 동행하고 그것이 자신의 삶의 특징이 되어 마치 다음 발걸음을 내딛듯이 자연스럽게 현세에서 내세로 옮겨간 구약 시대의 성도인 에녹이었다(창 5:24; 히 11:5). 천국에 들어가는 것이 그렇게 깜짝 놀랄 만한 일이 되어서는 안 된다고 에드워즈는 주장한다. 천국에 들어가는 것은 오랜 여행을 마치고 집으로 돌아가는 것처럼 자연스럽고 편안하며 매력 있는 일이어야 한다.

에드워즈가 자신의 교인들과 우리들에게 제시하듯, 에녹과 같이 자연스럽게 천국에 들어가는 것은 우리가 천국의 빛에 비추어 살 때, 천국으로 가는 길은 결코 신비로운 것이 아니며 천국 그 자체의 본질과 일치한다는 에드워즈의 말에 동의할 때 비로소 가능하다. 그러나 우리는 사랑하며 살려고 노력하고, 이 땅에서의 천국을 깊이 갈망하는 동안에도 여전히 이 땅에 만족하며 살아야 한다. 우리는 에드워즈가 말하듯이 아무 장애물도 없고 막힘도 없는 사랑을 원하지만 우리가 가는 길에는 온갖 장벽과 장애물이 있다.

인간을 위한 영성

우리는 에드워즈의 생애와 에드워즈가 겪었던 시련들을 통해 무엇인가 유익을 얻을 수 있을 것이다. 미국 땅에서 태어난 가장 유명한 목사였던 에드워즈는 노샘프턴의 자기 교회에서 쫓겨났다. 에드워즈가 자신의 경험에서 배운 교훈을, 우리는 다음과 같이 표현할 수 있을 것이다. 즉 "천국은 사랑의 세계"이지만 교인들은 갈등이 가득할 수도 있고, 이는 불과 유황을 뿜어내는 설교로 회중을 호되게 질책한 에드워즈의 책임으로 보일 수도 있다. 그러나 그렇지 않다. 이 점에 대해서는 뒤에 좀 더 자세히 살펴보겠다. 지금은 그가 사역 속에서 경험한, 온갖 불만과 갈등으로 점철된 현실로 인해 사랑의 원리대로 사는 구속된 공동체에 대한 그의 비전이 충분히 실현되지 못했다는 사실을 살펴볼 필요가 있다. 삶의 현실이 장애가 되었다. 에드워즈의 마음은 하늘을 향해 솟구쳐 올랐지만 그의 발은 땅 속 깊이 처박혀 있었던 것이다.

그렇다고 해서 그가 혼란스러워했거나 딱할 정도로 순진했다거나 고질적으로 비관적이었다는 말은 아니다. 다만 그는 이 땅에서 나그네로서의 삶을 살았다. 그리고 우리도 마찬가지다. 우리는 천국을 사모한다. 평화와 사랑과 조화가 우리의 인간관계를 지배하기를 원한다. 우리는 다른 사람들과 반목하기를 결코 원치 않으며 갈등을 좋아하지 않는다. 두 살배기인 내 아들은 굉장히 정직하다. 그 아이는 때때로 일을 저지르면서도 늘 이를 꽉 깨물면서 "순종, 순종, 순종"이라고 말한다. 우리도 바로 그 아이와 같다. 바울이 말했듯이, 우리는 원치 않는 일은 하면서 마땅히 해야 하는 일은 하지 않는다(롬 7:15). 1618-1619년에 네덜란드에서 소집된 공의회인 도르트 교회 회의의 표현대로 하자면, 우리의 가장 좋은 옷에도 얼룩이 묻어 있다. 우리는 나름대로 열심히 노력해 보지만 사랑의 원리대로 산다는 것은 그렇게 쉬운 일이 아니며 오히려 사랑의 원리에 거스를 때가 더 많다. 우리는 죄를 짓는다. 루터가 말했듯이 우리는 때때로 대담하게 죄를 짓기까지 한다.

에드워즈의 말은 옳다. 천국으로 가는 길은 사랑의 길이어야 하며 그러한 사랑과 조화가 끝까지 우리의 특징이 되어야 한다. 그러나 늘 그렇게 되지는 않는다. 아름다운 천국에서는 편협한 질투와 교만한 마음가짐이 사라질 테지만 지금으로서는 그러한 것들이 너무나 실제적으로 존재한다. 우리는 긴장된 상황에서도 친절한 말을 하고 갈등의 시기에도 순탄한 길을 가며 일부러라도 우리 자신의 필요를 챙기기 전에 다른 사람들을 먼저 섬기기를 소망한다. 그러나 실제로는 우리의 말이 갈등의 불씨가 될 때가 너무 많고 우리의 이기심은 이웃을 돕고자 하는 마음을 몰아내기 일쑤다.

그러면 우리는 에드워즈의 천상의 비전을 어떻게 받아들여야 할까? 한 가지 방법은, 그러한 비전을 미래의 일로 남겨두는 것이다. "천국은 사랑의 세계입니다"와 같은 설교들은 우리에게 자극제가 될 수도 있고 우리 마음속에 장차 갈 본향에 대한 소망을 심어줄 수도 있다. 그러나 실제 세상에서 그러한 비전은 한마디로 잘 통하지 않는다. 설령 우리가 사랑의 삶을 살 수 있더라도 우리는 이 땅에서 짓밟힘을 당할 것이다. 실제로 이러한 관점에 따르면 이 설교의 적용 부분이 가장 잘 들어맞는 시점은 미래 시제이다. 이러한 관점에 의하면 낙관주의는 미래에만 해당되며 현실은 비관주의가 지배한다.

에드워즈의 설교와 그의 천상적 비전에 대한 또 다른 반응 방식은 앞의 관점과 정반대이다. 이 관점을 가장 잘 설명할 수 있는 단어는 아마도 '순박함'일 것이다. 이 관점을 가진 사람은 다소 무비판적으로 '하늘에서 이루어진 것 같이 땅에서도 이루어진다'고 말한다. 이러한 관점이 가진 유일한 문제점은, 로드니 클랩Rodney Clapp의 최근 저서 『사람을 위한 영성 *Tortured Wonders*』(IVP 역간)에 나오는 말대로 표현하자면, 그것은 천사를 위한 영성이지 인간을 위한 영성이 아니라는 것이다. 우리는 우리가 죄인이며 우리 주변 사람들도 죄인이라는 사실을 무시해선 안 된다. 어림잡아 생각해 봐도 우리는 불행하게도 이 세상에 죄가 기하급수적으로 늘어나고 있음을 발견하게 될 것이다. 그리고 그 모든 죄는 해로운 영향을 가져올 수 있다.

앞의 두 관점과는 다른 제 3의 관점도 있다. 야구를 별로 좋아하지 않는 사람이든 특정 야구팀의 골수팬이든 보스턴 레드삭스 팀의 열혈 팬들에 대해서만큼은 경외감을 느끼지 않을 수 없을 것이다. 레드삭스 팬들은 월드 시리즈 우승 트로피가 펜웨이파크(Fenway Park: 보스턴 레드삭스의 홈구장)로 돌아오기까지 무려 86년간을 기다리고 또 기다렸다. 말 그대로 자기가 눈 감기 전에 우승의 감격을 맛보기를 염원해 온 레드삭스 팬들의 이야기는 무궁무진하게 많다. 어느 팬은 레드삭스의 2004년 월드 시리즈 우승을 기념하는 티셔츠를 수십 벌 사서, 그토록 염원하던 레드삭스의 우승을 보지 못하고 눈을 감은 친척들과 친구들의 무덤 위에 올려놓았다고 한다. 바로 그 이듬해에 또 다른 '삭스'라는 이름을 가진 시카고 화이트삭스 팀에도 비슷한 일이 벌어졌다. 화이트삭스는 1917년 이래 월드 시리즈에서 한 번도 우승하지 못했다. 그러나 2005년은 화이트삭스의 해가 되었다.

레드삭스와 화이트삭스의 팬들은 시즌 전 선수 이적 상황을 집중적으로 모니터하고 새로운 시즌이 다가올 때마다 큰 기대감을 품고 경기 입장권을 꼬박꼬박 사들였다. 심지어 팬들은 자기 팀에 오랫동안 전해 내려온다고 하는 오래된 나쁜 징크스를 깨기 위해 할 수 있는 모든 일을 다 했다. 월드 시리즈에서 우승할 확률이 거의 희박한 시즌에도 팬들은 금년이 그들 팀이 우승하는 해가 될지도 모른다는 희망을 버리지 않았다. 이런 팬들은 근성과 굳은 결의의 화신이라고 해도 과언이 아니다.

이들의 예는 우리의 주제와 관련된 하나의 좋은 예화이다. 그러나 우리가 가진 가능성은 월드 시리즈 우승이라는 결과보다 훨씬 확률이 높다. 우리도 그들과 마찬가지로 현실에 맞서 비상을 꿈꾼다. 우리는 우리 팀의 마크가 새겨진 옷을 입고 있고 우리를 응원하는 소리를 듣고 있다. 모든 역경에도 불구하고 우리는 천국으로 가는 길에서 사랑의 삶을 살려고 노력한다. 우리는 결코 소망을 포기하지 않으며 우리의 신실함도 결코 흔들리지 않는다. 이것이야말로 우리가 조나단 에드워즈의 비전에 따라 살아갈 수 있는 방법이다. 우리는 그 비전을 미래로 던져버리지 않으며 현재의 현실을 무시하지도 않는다. 이 땅에서 산다는 것은 현세와 내세를 함께 고려한다는 뜻이다. 우리는 천국으로 가는 길 위에 있지만 아직 천국에 도착하지는 않았다. 우리는 이 세상을 정면 돌파하기를 염원하지만 앞으로 그보다 훨씬 더 좋은 일들이 기다리고 있다는 사실도 안다.

다가올 천국 미리 맛보기

에드워즈는 자신의 설교를 적용하는 일이 매우 어려운 일이 될 것임을 잘 알고 있었다. 에드워즈는 이 땅에서 천국의 비전을 가지고 사는 일의 어려움을 인정하며 심지어 그 어려움에 대해 설명까지 한다. 첫째로, 에드워즈는 우리에게 사랑의 원리에 따라 살도록 노력하라고 말한다. 이는 사랑의 삶이란 그냥 저절로 쉽게 얻어지는 것이 아니며 완벽하게 실현되는 것도 분명 아니라는 뜻이다. 그럼에도 불구하고 우리는 그렇게 살도록 노력해야 한다.

다음으로 에드워즈는 짧지만 이러한 독특한 비전에 따라 살도록 우리를 격려하는 데 큰 도움이 되는 말을 한다. 에드워즈는 우리가 천국의 방식에 따라 살려고 노력할 때 "이 땅에서 천국의 기쁨과 즐거움을 미리 맛볼 수 있다."라고 말한다. 다시 말해 우리가 사랑의 원리에 따라 살 때 이 땅에서도 작게나마 천국을 누릴 수 있다는 것이다.

존 밀턴John Milton은 인간이 에덴동산에서 소유한 모든 것과 잃어버린 모든 것을 감동적인 필치로 그려냈다. 『실락원 *Paradise Lost*』에서 밀턴은 에드워즈가 묘사하는 천국의 세계와 크게 다르지 않은 에덴동산의 세계를 묘사한다. 에덴동산은 완벽하고 조화롭고 평화로운 곳이다. 아담과 하와는 서로 진실하고 온전하게 사랑하며 선선한 저녁에는 죄에 속박되지 않은 모습으로 하나님과 교제를 나눈다. 그러나 타락과 함께 그들은 모든 것을 상실한다. 아담과 하와와 모든 피조물과 그들의 뒤를 이을 인류 전체가 불행에 빠지게 된다. 하와가 뱀의 말을 듣고 아담이 하와와 똑같은 행동을 하자 조화는 깨지고 갈등이 모든 것을 지배한다. 아담과 하와의 관계도 깨어지고 끊임없는 갈등이 그들을 사로잡는다. 밀턴이 잘 묘사했듯이, "이렇게 해서 그들은 서로를 비방하면서 헛된 시간을 보냈고 …… 그들의 헛된 다툼은 끝이 보이지 않았다." 하나님이 나타나셨을 때 아담과 하와는 더 이상 하나님과 아무 거리낌 없이 교제할 수 없었다. 죄가 이제 모든 관계를 어그러뜨려 놓았다.

보다 최근에는 코넬리어스 플랜팅거 2세Cornelius Plantinga, Jr.가 『잘못된 길 *Not the Way It's Supposed to Be*』이라는 저서에서 타락으로 인한 엄청난 손실을 묘사했다.[4] 이 세상은 원래 평화와 조화의 세상, '샬롬(shalom)'의 세상이 되었어야 했다. 또 창조 직후의 이 세상은 바로 그런 세상이었다. 그러나 죄는 그 '샬롬'을 위반하고 파괴하며 훼손시켜 놓음으로써 세상을 투쟁과 갈등의 도가니로 만들고 말았다. 아담과 하와는 서로 반목했고 하나님으로부터도 돌아섰다. 땅은 저주를 받았다. 나중에는 가인이 아벨을 죽이면서 형제끼리도 적의를 품게 되었다. 이 창세기의 이야기를 현대적으로 재해석한 존 스타인벡John Steinbeck의 소설 『에덴의 동쪽 *East of Eden*』에 등장하는 인물들의 비극과 마찬가지로 반목은 우리의 관계를 철저히 파괴하고 살육의 길을 열어 놓았다.

우리는 우리 자신의 경험을 통해 밀턴과 플랜팅거와 스타인벡이 공통되게 말하고 있는 바가 사실임을 알고 있다. 우리는 너무 쉽게 불친절한 말을 내뱉고 너무 성급하게 잘못된 판단을 내리며 용서를 구하거나 베푸는 일에는 너무 뜸을 들인다. 우리는 가인을 볼 때 하늘 높은 줄 모르고 교만해져서 우리 자신의 선함에 대해 확신한다. 우리는 '선한 사마리아인의 비유'에서 다치고 상하여 길가에 버려진 행인을 그냥 지나쳐 가는 여러 군상들을 보면서 고개를 절레절레 내젓는다. 그러나 우리는 매일같이 동료 인간들에게 악행을 저지르지 않는가. 물론 우리는 살인자는 아니다. 또 그런 곤경에 처해 있는 사람을 보면 그냥 지나치지 않을지도 모른다. 그러나 작지만 교묘하게 우리는 반목과 갈등을 더해간다.

하지만 아직 희망은 있다. 밀턴은 타락 이후를 묘사하면서 아담과 하와가 새로운 삶의 정상적인 모습을 최대한 회복하는 것으로 묘사한다. 그들은 에덴동산에서 쫓겨난 이후 저주 속에서 살게 된다. 그럼에도 불구하고 아담과 하와는 약속된 씨가 장차 그들이 저지른 불순종의 행위를 원상으로 회복시킬 것을 고대하며 서로에 대한 새로운 헌신으로 삶을 개척해 나간다. 그래서 밀턴은 아담으로 하여금 다음과 같은 사랑의 말을 하게 한다.

"일어나시오, 더 이상 다투지 말고 서로 비난하지 맙시다.

다른 곳에서 실컷 서로 비난했으니

이제 서로 사랑으로 대하며

우리 각자가 감당해야 할 수고의 짐을

서로 가볍게 하도록 노력합시다."[5]

우리가 분쟁이 있는 곳에 조화의 씨를 뿌릴 때, 갈등의 와중에서 친절하고 은혜로운 말을 할 때, 악의와 어두움이 가득한 세상에 아름다움을 가져올 때, 그곳에 사랑의 지배가 있다. 우리가 우리 자신의 연약함 속에서도 서로 각 사람이 짊어져야 할 짐의 무게를 덜어주겠다고 제안할 때 그곳에 사랑의 지배가 있다(갈 6:2). 밀턴은 아담으로 하여금 이제 자신에게 자연스러운 일상이 되어버린 악한 일을 행하지 않기로 선택하게 한다. 이제 아담은 다툼 대신 사랑을 선택한다. 그것은 "원래 예정된 길이 아니다." 그러나 우리는 마땅히 가야할 길, 갈 수 있는 길에 대해 말할 수 있다. 구속과 은혜는 우리의 타락한 상태에 대해 내세에 모든 것을 바로잡는 데만 적용되는 해답을 제시하지 않는다. 구속과 은혜는 우리가 이 세상에서도 지금과는 다르게 살 수 있음을 의미한다.

우리는 가혹한 환경에서도 영웅적인 희생을 한 사람들의 이야기를 듣는다. 예를 들면 나치 정권 아래서 죽음의 덫에 사로잡힌 수많은 유대인들에게 말 그대로 생명과 평안을 가져다 준 오스카 쉰들러Oskar Schindler 같은 사람들의 이야기나 그리 널리 알려지지는 않았지만 스웨덴 태생의 건축가 겸 사업가 라울 발렌베리Raoul Wallenberg의 이야기가 그런 경우에 속한다. 발렌베리는 전쟁 기간에 헝가리에서 살았다. 그는 용기와 확신을 가지고 유대인 문제에 대한 히틀러의 "마지막 해결책"에 맞서 수천 명의 유대인들을 안전한 곳으로 피신시켰다.[6]

사실, 우리 중에 그와 같은 시간과 공간을 경험하게 될 사람은 거의 없다. 또 그런 영웅적인 행동을 요구받을 사람도 거의 없다. 그러나 우리는 다른 이들의 삶에 작게나마 도움을 주어야 할 경우를 시시때때로 만난다. 그런 경우는 가게 점원에게 간단한 감사 인사를 건네는 일부터 저소득층 자녀를 위한 방과 후 프로그램에 몇 시간 동안 자원봉사를 하는 일까지 매우 다양하다. 선행의 종류는 무궁무진하다.

말과 행실로 복음을 전하는 일도 훌륭한 선행이다. 우리가 타락과 죄로 인해 저주 받은 세상의 현실에 비추어서만이 아니라 구속과 장차 올 약속된 세상에 비추어 살 때, 작게나마 사랑이 지배하는 세상을 보게 될 것이다.

에드워즈는 하나님의 은혜로 인해 가능하게 된 선택에 기초한 그러한 삶이야말로 내세를 맛보는 것이라고 말한다. 사실 우리는 그가 이러한 생각을 어떻게 자세히 풀어 설명하는지 새겨들을 필요가 있다. 에드워즈는 우리가 이 세상에서 사랑의 원리에 따라 삶으로써 비로소 천국의 성도들의 모습을 반영하게 되며 천국을 지배하는 감미롭고 거룩한 평화를 느끼게 된다고 말한다. 그는 계속해서 이렇게 말한다.

"이와 같이 여러분도 하나님, 그리스도, 거룩함 등 신적인 대상의 영광에 대한 감각을 갖게 될 것입니다. 또한 여러분의 마음속에는 하나님께 대한 거룩한 사랑, 평화의 정신과 사람들에 대한 사랑으로 인해 천국에서 볼 수 있는 모든 것의 탁월함과 감미로움에 대한 감각이 생겨날 것입니다. 이를테면 천국의 창문들이 활짝 열려 그 영광의 광채가 여러분의 영혼 속을 비추게 될 것입니다. 여러분이 그 복된 세계에 합당한 사람이라는 증거와 실제로 천국을 소유할 것이라는 증거를 갖게 될 것입니다. 이렇게 은혜로 말미암아 빛의 자녀들이 받을 유업에 합당한 사람이 되면 얼마 지나지 않아 여러분은 천국의 성도들과 함께 천국의 축복을 누리며 영원히 거하게 될 것입니다. 이렇게 끝까지 믿음을 지켜 주님의 기쁨에 동참할 사람들은 말할 수 없이 복됩니다."

빛과 그림자

다시 말하지만 이는 단순히 천국에서만 경험할 수 있는 비전이 아니었다. 앞에서도 언급했다시피 에드워즈는 교인들의 투표로 교회에서 해임되었다. 이 일은 1750년에 일어났다. 에드워즈가 「고린도전서」 13장에 대한 연속 설교를 전했던 1738년에 그와 같은 분쟁은 아직 먼 훗날의 일이었다. 그러나 분쟁이 찾아왔을 때도 에드워즈는 사랑의 삶을 모범적으로 실천하는 구속된 공동체에 대한 비전이 가진 진실성과 힘에 계속해서 주목했다. 사실 그 비전이 바로 에드워즈로 하여금 거센 파도를 헤쳐 나가게 한 원동력이었다. 그는 비록 올바른 입장에 섰지만 그러한 갈등에 아무런 책임이 없지는 않았다.

에드워즈가 실패한 일 가운데 하나는 사람들과의 관계를 돈독하게 다지는 일이었다. 에드워즈는 마음을 여는 일이 거의 없었고 마음을 터놓을 때도 주로 뉴잉글랜드와 스코틀랜드 목회자들과의 서신 교환을 통해 자기 생각을 밝힐 때가 많았다. 에드워즈는 노샘프턴에서 사역을 시작할 때부터 교구민들에 대한 정기적인 심방을 하지 않고 교구민들이 청교도들의 표현대로 "영적인 근심"에 쌓여 있을 때만 가끔씩 심방을 하기로 결정했다. 그러한 결정은 에드워즈 자신의 기질과도 관계가 있었을 것이다. 그는 사람들과 함께 어울릴 때보다는 집에서 책과 함께 씨름하는 때가 더 많았다. 그런데 교인들과의 갈등의 시기가 다가오자 에드워즈의 이와 같은 태도는 그에게 결정적으로 불리하게 작용했다. 한마디로 에드워즈는 자신을 뒷받침해 줄 교인들의 지지를 얻지 못했다. 사실 강단에서의 정당한 질책 외에는 에드워즈가 거친 말을 했거나 비난을 퍼부은 단 하나의 실례라도 지적해 내기가 매우 어렵다. 그러나 에드워즈와 교인들과의 관계가 돈독했던 때도 마찬가지로 발견하기도 쉽지 않다.

하지만 에드워즈의 가정에서는 상황이 전혀 달랐다. 에드워즈의 집은 늘 분주했다. 열 한 명의 자녀가 세라 에드워즈와 조나단 에드워즈의 슬하에서 태어났다. 그의 집에서 자주 묵는 손님들도 많았고 목회 사역을 준비하는 젊은 신학생들도 에드워즈와 한 지붕 아래 살았다. 그러나 이렇게 분주한 와중에서도 에드워즈의 가정에서는 사랑과 친절이 떠나지 않았다. 모든 기록이 이 사실을 뒷받침한다. 에드워즈의 가정은 사랑이 지배하는 가정이었다. 에드워즈 가족은 병마와 빠듯한 살림, 정치적 소용돌이의 시기를 견뎌

냈다. 당시는 인디언들의 습격이 잦고 영국과 프랑스가 팽팽한 긴장 관계를 유지하던 때였다. 에드워즈 가족에게는 좋은 시절도 있었다. 그리고 이 모든 세월 동안 온 집안에 가득 흘러넘친 조나단과 세라의 "보기 드문 금슬"은 사랑의 삶을 살며 가족의 짐을 나누어 감당하겠다는 그의 다짐을 증명해 보였다. 밀턴이 묘사한 아담의 모습과 같이 에드워즈는 각 가정의 남편들에게 선과 위로와 아내의 행복을 추구하기 위해 최선을 다하라고 호소했다.

이와 같이 우리는 에드워즈에게서 다양한 면모를 볼 수 있다. 그는 때로는 옳게 행동했지만 때로는 모자란 부분도 있었다. 우리는 하나님의 부르심에 합당하게 사는 일이 늘 쉽지만은 않은 일임을 안다. 또 이 땅에 있는 동안 천국을 사모하고 저 영원한 미래의 실재가 지금 이 곳과 같이 실제적인 현실이 되기를 갈망하지만 현실이 늘 우리 생각과 같지는 않다는 사실도 잘 안다. 현실은 우리가 타락한 세상에 사는 타락한 인간이라는 것이다. 그러나 우리가 타락한 세상에 사는 죄인들이기 때문에 "천국은 사랑의 세계입니다"라는 에드워즈의 설교는 적절치 못하다고 결론짓는다면 곤란하다. 또 이 설교와 이 설교의 목적을 영감의 좋은 원천으로는 인정하면서도 실생활에 적용하기에는 부족하다고 보는 관점도 잘못된 것이다. 에드워즈의 비전은 운이 좋으면 이룰 수 있는 꿈이 아니다. 그것은 우리의 소명이다. 사랑의 삶은 먼 미래까지 미루어둘 일이 아니다. 이 세상에서 마땅히 살아야 할 삶이다.

　이 세상에서 우리는 그리스도인답게 살도록 부름을 받았다. 우리는 이곳과 풍속도 다르고 법도 다르며 심지어 말도 다른 나라에서 파견된 전권대사이다. 그 나라와 그 나라의 왕을 대표하는 우리는 우리의 본향의 증거를 지니고 있어야 한다. 우리는 아무리 낯설게 여겨지더라도 그 나라의 풍습대로 살고 그 나라의 언어를 말해야 한다.

　조나단 에드워즈의 말이 옳다. 천국이 사랑의 세계라면 천국으로 가는 길은 사랑의 길이다. 물론 말보다 실천이 어려운 법이다. 그러나 우리가 사랑의 원리대로 살 때 하나님의 은혜를 매 순간 경험하게 될 것이다. 그리고 "이 땅에서 천국의 기쁨과 즐거움을 미리 맛보게 될 것이다."

훌륭한 천국 시민 되기

「빌립보서」 3장 20절에 기록된 바울의 말에 따르면 지금까지 내가 한 말은 모두 잘못된 것 같이 보인다. "우리의 시민권은 하늘에 있는지라." 바울은 우리가 저 하늘에 두 발을 굳건히 내딛기를 원했다. 사실 우리가 천국 시민이라는 바울의 권면은 세속적인 목표와 육체적인 욕망의 지배를 받는 이들, 바울이 적나라하게 표현한 것처럼 자기 배를 하나님으로 섬기는 이들(19절)을 호되게 꾸짖은 직후에 한 말이다. 우리는 이 세상과 다음 세상에 양다리를 걸치고 살아선 안 된다. 그 대신 두 발을 천국에 굳게 디디고 서야 한다. 결국 우리는 외인이고 이방인이며 이 세상에서 다음 세상으로 여행하고 있는 순례자이다.

질책의 불길에 기름을 부으려면 천국 시민이 되라는 바울의 권면에 베드로의 긴급한 충고를 보태면 될 것이다. 베드로는 「베드로후서」 3장 10-12절에서 하늘은 물론이고 이 세상과 이 세상의 모든 것은 언젠가 불타 없어져 더 이상 존재하지 않을 것이라고 말한다. 특히 북미 지역의 그리스도인들은 이 세상의 시민권에 대한 애착을 조금 줄여야 한다.

그들의 말이 옳다는 데는 이론의 여지가 없다. 그러나 무엇인가가 잘못된 것 같아 보인다. 즉, 바울과 베드로의 사상이 무엇인가 잘못되었다는 것이 아니라 그러한 본문을 적용하는 문제에 있어서 무엇인가 잘못되었다는 것이다. 옛말에 이런 말이 있다. "침몰하는 배는 수리해도 소용없다." 다시 말해 이 세상은 언젠가 불타 없어질 것이니 너무 신경 쓸 것 없다는 것이다. 이런 말 속에 담겨 있는 마음가짐의 문제는 우리가 지금 이 곳에 살고 있고 이 세상도 여전히 존재한다는 점이다. 이 세상은 침몰하는 배와 유사한 면이 있더라도 여전히 하나님이 만드신 세상이며 하나님이 우리에게 살라고 부르신 그 세상이다. 우리는 천국 시민이지만 아직 천국에는 이르지 못했다. 우리는 다가올 세상을 향해 순례자의 길을 간다. 그러나 지금 이 순간 우리는 이 세상에 산다. 아마도 우리는 이 세상과 우리의 시민권에 대한 생각을 혁명적으로 전환해야 할 필요가 있지 않을까 싶다.

빌립보에 로마를 옮겨 심다

　시민권에 대한 바울의 비유는 1세기의 상황적 배경을 알아야 이해할 수 있다. 바울은 법적 구속력으로 자신에게 도움을 줄 수 있는 시민권에 의지할 수 있었다. 로마 시민이 된다는 것은 큰 특권을 갖는다는 것을 의미했기 때문이었다. 그러나 시민권의 비유는 공정한 재판처럼 특권과 권리를 훨씬 능가하는 권리를 뜻한다. 로마 제국은 수많은 나라와 도시국가들로 구성된 대제국이었다. 제국이 원활하게 유지되려면 동질성이 필요했다. 헬라어는 공식 언어였고 다신교는 공식 종교였으며 황제와 로마 원로원은 제국의 법이었다. 또한, 이러한 동질성은 민족적, 인종적 정체성을 약화시키고 로마 중심적 일체성을 강화시키려는 로마 제국의 계획을 통해서도 실현되었다. 사람들이 1차적으로 충성해야 할 대상은 빌립보나 이스라엘이나 알렉산드리아가 아니라 로마였다. 로마는 자신들이 정복한 지역에 여러 민족과 도시국가 출신의 시민들을 강제 이주시켜 제국 전역에 퍼져 살게 했다. 또 기존 도시에 살던 로마 시민들도 제국의 변경 지역까지 강제 이주 당했다. 이민의 물결이 미국을 현대 '인종의 도가니'로 만들기 오래 전에 로마 제국은 지중해 세계 전체를 한 지붕 아래 묶으려 했다. 로마 제국 영내에서는 누구나 빌립보 사람, 유대 사람, 또는 알렉산드리아 사람이기 이전에 로마인이었다.[7]

　그래서 빌립보에 사는 로마 시민이 되면 굳이 로마 시에 가서

멋지게 살기를 갈망하는 일에 시간을 허비할 필요가 없었다. 또 소아시아 지방의 빌립보를 떠나 선망하는 곳인 로마 시로 가기를 학수고대할 필요도 없었다. 오히려 로마 시민으로 빌립보에 산다는 것은 로마와 로마의 모든 업적과 영광을 빌립보나 예루살렘이나 알렉산드리아나 자신이 현재 있는 곳에서 구현하는 일을 떠맡은 것이나 다름없었다. 고든 피Gordon Fee는 자신의 빌립보서 주석에서 이 사실을 다음과 같이 요약한다.

"빌립보가 로마의 속령이었고 따라서 빌립보 시민들이 마케도니아 지방에서 로마식 생활방식을 보여준 것처럼, '하늘나라'의 시민들도 이 로마의 변경 지역에서 천국의 속령으로서의 역할을 해야 했다."[8]

예를 들어 보자. 서기 596년에 (『참회록 *The Confessions*』과 『신국론 *The City of God*』을 쓴 아우구스티누스Augustinus와 동명이인인) 캔터베리의 아우구스티누스는 로마에서부터 북부 이탈리아의 알프스 산맥과 프랑스를 통과하고 도버 해협을 건너는 고된 여행을 했다. 그는 처음에 캔터베리에 정착했고 훗날 런던과 요크에 주교들을 파견했다. 그리고 영국으로 건너오면서 당시 로마의 종교였던 기독교, 로마의 언어였던 라틴어, 그리고 축성술과 석조교의 형태로 로마의 건축술과 공학 기술을 영국에 도입했다. 이처럼 캔터베리의 아우구스티누스는 고향에서 멀리 떨어진 곳에 와서 고향의 모습을 그대로 이식시켰다. 영국 땅에 로마를 옮겨 심은 것이다.

바울이 시민권을 비유로 든 것은 바로 이와 같은 맥락을 통해 이해할 수 있다. 그리스도인들은 단지 다가올 복된 삶을 사모하는 것으로만 자신이 천국 시민임을 드러내는 것이 아니다. 오히려 그리스도인들은 천국을 이 땅 위에 실현시킴으로써 자신이 천국 시민임을 보여준다. 우리의 소명은 방관자로만 머물며 내세를 기다리는 것이 아니다. 오히려 우리의 소명은 천국을 이 땅에 가져오는 일, 지금 이 순간 천국의 실재에 비추어 사는 일, 잠시 후면 사라질 이 땅의 나라에 사는 시민들에게 그보다 훨씬 좋고 영원한 나라가 있다는 사실을 보여주는 일이다. C. S. 루이스의 표현을 빌자면 우리는 '그림자나라(Shadowlands)'에 사는 사람들에게 장차 진짜 세상이 올 것이라는 사실을 보여주어야 한다. 아니, 그 이상의 일을 해야 한다. 이 세상에서 다가올 세상을 미리 맛보여 줄 때 다가올 세상을 가장 잘 보여줄 수 있다. 이 땅에서 천국의 언어로 말하고 천국의 풍습에 따라 살 때 천국으로 가는 길을 가리켜 보일 수 있다.

이 세상이 불타 없어질 것이라고 해서 멸망할 때까지 그대로 방치해 두어서는 안 된다. 하나님은 아담과 하와로 하여금 에덴동산을 가꾸게 하셨다. 그들이 동산을 가꿀 때, 에덴동산은 새 아침이 밝아올 때마다 나타나는 창조주의 임재와 영광을 여기저기서 드러내곤 했다. 비록 이 세상은 타락하여 죄로 인해 저주받았지만 그래도 여전히 하나님이 지으신 세상이다. 하나님은 우리가 이 세상을 가꾸어 나가고 심지어 이 세상을 기뻐하기를 원하신다. 조나단 에드워즈는 19살의 나이에 벌써 이 사실을 이해했다.

에드워즈와 기쁨의 논증

청년 에드워즈는 스무 살 무렵 처음으로 목회 사역에 뛰어들었다. 그리 바람직한 상황은 아니지만 그는 한 교회에서 갈라져 나온 일단의 교인들을 섬기게 되었다. 그가 섬긴 교회는 뉴욕시의 한 장로교회로 오늘날 뉴욕 제1 장로교회의 모태가 된 바로 그 교회이다. 교회는 브로드 가와 월 가 근처에 있었는데 분리되어 나온 교인들은 훗날 세계에서 가장 물동량이 많은 항구가 될 뉴욕 항의 부둣가에서 모였다. 교인들의 수는 매우 적었다. 당시 에드워즈의 목회 사역은 대체로 설교를 전하는 일이었는데 이 일은 에드워즈 같은 완벽주의자에게는 아주 힘든 일이었다. 그는 설교문을 일곱 번 내지 여덟 번을 고쳐 써가며 꼼꼼하게 준비했다. 그 과정에서 그는 몇 달 만에 분리되어 나온 교인들에게 다시 본 교회와 재결합하도록 권면할 수 있었다.

에드워즈의 목회 사역 가운데 이 시기에 나온 설교가 바로 "신앙의 즐거움 The Pleasantness of Religion"이다.[9] 이 설교는 사실 변증적 설교 내지 복음 전도 설교지만 대부분의 그리스도인들이

들어도 큰 유익을 얻을 만한 설교이다. 이 설교에서 에드워즈는 굳이 이름 붙이자면 '기쁨의 논증'이라고 할 만한 다음과 같은 기독교 옹호론을 전개했다. "우리는 기독교가 가져다주는 순전한 기쁨 때문에 그리스도인이 되어야 한다." 에드워즈는 내세에 대해서는 언급조차 하지 않았다. 에드워즈의 논증에 충실히 따르자면 우리는 기독교가 이 세상에서 가져다주는 기쁨 때문에 기독교인이 되어야 한다. 하지만 에드워즈는 번영의 복음에 대해서는 말하지 않았다는 점을 분명히 밝혀둘 필요가 있다. 이 점에 대해서는 뒤에서 더 자세히 다루어 보겠다.

수세기 동안 철학자들과 신학자들은 기독교와 하나님을 옹호하는 변증학적인 논증들을 제시해 왔다. 어떤 논증들은 꽤 세련된 이름을 갖고 있기도 한다. 이와 같은 논증에는 우주론적 논증과 목적론적 논증이 있는데 이러한 논증들은 오늘날 지적 설계론으로 지칭되는 경향이 있다. 플라톤Platon과 아리스토텔레스Aristoteles에 뿌리를 둔 이 두 논증은 중세 시대의 토마스 아퀴나스Thomas Aquinas 같은 대 사상가들과 현대의 많은 심오한 사상가 및 과학자들에 의해 발전되어 왔다. 우주론적 논증('우주론적 cosmological'이라는 말은 "세계"를 뜻하는 '코스모스 cosmos'라는 헬라어에서 나왔다)에 따르면 세계는 존재하며 무(無)에서 어떤 것이 나올 수는 없기 때문에 세계는 반드시 어떤 원천 내지 기원을 가져야 한다. 한편 목적론적(teleological: "목적" 내지 "설계"를 뜻하는 헬라어 '텔레오 teleo'에서 유

래) 논증에서는 세상은 존재할 뿐만 아니라 질서정연하고 합목적
적이라고 주장한다. 어떤 신학자들과 사상가들은 다소 복잡한 목
적론적 논증을 제시했다. 마크 트웨인Mark Twain은 하나님을 믿느냐
는 질문을 받자 한 단어로 "이스라엘"을 믿는다고 답변하면서 소
위 역사적 논증 내지 섭리적 논증이라고 부를 만한 것을 언급했다.
이 논증에서는 인간 역사 속에 나타난 하나님의 행동을 하나님이
존재하는 증거로 본다.

조나단 에드워즈는 이러한 여러 논증의 장에 '기쁨을 근거로 한
논증'이라는 자신만의 논증을 선보인다. 그는 뉴욕 항의 부둣가에
모인 교인들에게 신앙의 즐거움, 신앙의 감미로움으로 인해 하나
님을 믿고 기독교의 주장들이 참임을 믿으라고 말한다. 그가 말한
대로 표현하자면 "신앙의 즐거움이 이유가 된다면 신앙적인 사람
이 되는 것은 가치 있는 일"이다. 에드워즈의 기쁨의 논증은 이 세
상에서의 삶에 대해 중요한 점을 말해 준다. 그의 논증에 따르면
우리는 천국 시민으로서 천국의 모든 기쁨과 즐거움과 환희와 감
미로움을 이 땅에 가져와야 한다. 이는 다음 세상으로 여행하고 있
는 이 세상의 순례자로서의 우리의 삶에 대한, 그리고 우리의 천국
시민권에 대한 혁명적 사고방식이다.

'꿀을 먹으라 이것이 좋으니라'

에드워즈는 1723년 후반기에 전한 "신앙의 즐거움"이라는 설교의 본문으로 「잠언」 24장 13-14절을 선택했다. 이 설교는 우리가 청교도 하면 보통 떠올리는 전통적인 청교도식 설교와는 좀 다르다. 적어도 우리가 청교도 하면 보통 떠올리는 이미지와는 다르다. 미국의 깐깐한 신문기자이자 문장가인 H. L. 멩켄H. L. Mencken은 청교도를 다음과 같이 표현한다. "어디서 누군가가 즐거운 시간을 보내고 있을까봐 두려워하는 사람이면 누구나 청교도다." 이런 선입견에 따르면 청교도들은 무엇인가 언짢아하고 못마땅해 하며 굳은 얼굴로 심지어 약간 심술궂게 어두운 심판의 날을 전하는 사람이다.

그러나 종종 그렇듯이 실제는 우리 생각과 다를 때가 많다. "진노하시는 하나님의 손 안에 있는 죄인들"이라는 설교 때문에 에드워즈는 일반적으로 이러한 청교도에 대한 부정적인 이미지의 상징으로 통해 왔다. 그러나 이 설교에서 그가 하는 말을 들어 보라.

"하나님은 당신의 넘치는 풍성함 속에서 우리의 감각의 기쁨을 위해, 우리의 기쁨과 만족을 위해 우리에게 많은 것을 주셨다."

그리고 그는 이렇게 덧붙인다.

"신앙은 우리가 먹고 마시는 데서 충분한 만족을 얻고 대화나 기분 전환을 통해 누릴 수 있는 모든 합리적인 즐거움을 누리는 것을 허락한다. 또 우리의 모든 자연적인 욕구들을 충족시키는 것을

허락한다. 오감 중에서 우리가 즐겁게 하고 만족시켜선 안 될 감각
은 없다."

하나님의 선하신 손길을 기뻐하면서 먹고 마시고 즐거워하라는
에드워즈의 권면은 청교도에 대한 멩켄의 근거 없는 비판과 정반
대이다. 에드워즈는「잠언」에서 '꿀은 좋은 것'이라는 교훈을 배
웠다. 우리도 '꿀'을 일부러 멀리하는 금욕주의적인 태도를 가져
선 안 된다.

에드워즈는 '신앙', 즉 그가 말하는 기독교가 즐거운 것인 이유
를 여러 가지로 제시한다. 첫 번째, 신앙은 신자로 하여금 감각적
인 즐거움을 제대로 누리는 법을 깨닫게 해 준다. "악인"은 쾌락으
로 "자기 자신을 만족"시키지만 그 쾌락은 고통의 부메랑이 되어
되돌아온다고 에드워즈는 말한다. 우리 대부분은 아마도 뷔페식
요리의 강렬한 맛의 유혹을 경험해 보았을 것이다. 뷔페 음식을 먹
을 때는 이 음식, 저 음식을 조금씩 먹으면서 여러 가지 음식을 배
터지게 먹는 것이 먹는 재미처럼 보인다. 하지만 결국에는 과식의
결과로 반드시 배탈이 나게 되어 있다. 에드워즈는 뷔페 음식이 등
장하기 직전 시대에 살았지만 그러한 예를 들었다.

"잔칫상 앞에서 적당히 먹는 사람은 배터지게 먹고 토하는 사람
보다 먹고 마시는 일에서 더 큰 즐거움을 누립니다."

성적인 쾌락도 마찬가지이다. 하나님의 뜻 안에서, 결혼의 테두
리 안에서의 성관계는 기쁨과 즐거움을 줄 수 있다. 그러나 하나님

이 의도하신 테두리를 벗어나게 되면 우리의 기쁨을 위해 의도되었고 순간적이고 일시적이나마 즐거움을 줄 수도 있는 그 쾌락이 결국은 파멸적인 결과를 가져온다. 난잡한 성행위에는 반드시 대가가 따른다. 에드워즈는 이러한 모든 대책 없고 무분별한 쾌락 추구와는 대조적으로 경건한 사람들은 하나님의 뜻을 소중히 여기기 때문에 이 세상의 즐거움을 참되고 깊이 있게 누릴 줄 안다고 지적한다.

두 번째로, 악인들은 이 세상의 쾌락을 즐기는 동안에도 "양심의 가책"에 시달린다. 서구 문명은 양심의 가책이라는 장애물을 제거하기 위해 온갖 방법을 다 동원해 왔다. 우리는 기분을 전환하는 요령, 우리 자신의 참된 상태에 대해 무감각해지는 요령을 터득해 왔다. 우리는 양심의 작고 조용한 목소리를 침묵시키기 위해 안간힘을 썼다. 서구 문명은 양심의 소리를 가라앉히는 데는 성공했는지 모르지만 양심을 침묵시킬 수는 없다. 양심의 가책은 이 세상의 기쁨과 쾌락에 따라다닌다. 그러나 그리스도인들의 경우에는 그렇지 않다. 그리스도인은 그러한 기쁨을 올바르게, 에드워즈의 표현을 빌면 "노예적인 두려움" 속에서가 아니라 "평온하게" 누린다.

더 나아가 그리스도인들은 이 세상의 기쁨을 하나님의 사랑의 표시로 누린다. 에드워즈는 이렇게 말한다.

"그리스도인이 이 땅에서 누리는 위로는 하나님의 사랑에 대한 고려, 즉 하나님은 자신의 아버지이자 친구이며 자신을 사랑하시고 기뻐하시기 때문에 이러한 축복을 주신다는 생각으로 인해 더욱더 감미로운 것이 된다."

마지막으로, 기독교가 즐거운 것인 이유는 현세적이거나 감각적이거나 육체적인 기쁨을 훨씬 능가하는 기쁨을 주기 때문이다. 에드워즈는 이 대목에서 아홉 가지 이상의 기쁨을 나열한다. 그러한 기쁨 중에는 이와 같은 기쁨이 있다. "그리스도인이 하나님의 영광과 탁월함을 볼 때 느끼는 매우 큰 기쁨이 있다." 우리는 미술 작품, "화려한 건물", 심지어 "아름다운 얼굴"을 보면서 즐거워한다. 그런데 하나님은 "세상에서 가장 아름답고 가장 영광스럽고 가장 놀라운 존재이다." 이것이야말로 우리가 이 세상에서 행하고 경험하는 모든 일의 방향을 결정해야 할 천상의 비전이다. 우리는 그리스도인으로서 하나님의 선하심을 맛보고 하나님의 아름다움을 보기 때문에 참된 기쁨이 무엇인지를 안다. 천국 시민은 장차 다가올 영광을 작게나마 소유하고 있으며 이 사실은 우리에게 이 세상에 잠시 머물다 가는 시민으로 살아가는 데 필요한 관점을 제시한다.

그리스도인이 누리는 궁극적인 기쁨은 하나님 자신이다. 존 파이퍼John Piper는 이것이야말로 조나단 에드워즈의 놀라운 통찰 가운데 하나라고 보았다. 우리가 그리스도에게 나아갈 때 그리스도는 우리에게 많은 놀라운 선물을 주신다. 더 나아가 그리스도는 우리가 그 모든 영육간의 좋은 것들을 누릴 수 있게 하신다. 그러나 하나님이 우리에게 주시는 가장 큰 선물은 하나님 자신이다. 하나님은 우리가 하나님을 기뻐하기를 바라신다. 이 선물은 미래에만 해당되는 선물이 아니다. 바로 이 순간 기뻐해야 할 선물이다.[10]

기쁨의 추구

에드워즈는 다음과 같은 짧은 적용과 더불어 설교를 마무리 짓는다. 그리스도인이 된다는 것은 "신앙이 주는 기쁨과 즐거움" 때문에 가치 있는 일이다. "그러므로 우리는 죄인들이 어떤 식으로든 신앙에 반대할 이유가 없다는 사실을 알 수 있다." 에드워즈는 불신자들이 기독교를 거부해야 할 나름의 이유를 가지고 기독교는 불쾌한 것이라고 "흔히 성급하게" 결론짓는다고 말한다. 요즘 식으로 표현하자면 그리스도인이 된다는 것은 재미와는 영영 작별을 고하는 것을 뜻한다고 많은 이들이 주장한다. 에드워즈는 실제로 그러한 생각에 대한 책임을 그리스도인들에게 묻는다. "사람들에게 경건을 촉구하는 데 사용되는 가장 흔한 논증은 내세의 기쁨이다." 그러나 우리는 내세의 기쁨이 열렬히 "이 세상의 기쁨을 추구하는" 많은 불신자들에게는 별다른 영향을 주지 못한다는 사실을 쉬 잊어버리는 듯하다.

에드워즈는 불신자들에게 좀 더 근본적인 해답을 제시한다. 불신자들의 게임의 법칙대로 그들을 설득해도 충분하지 않느냐는 것이다. 에드워즈의 표현을 빌면 "이제 우리는 그들의 무기를 가지고 그들과 싸울 것이다." 기독교는 내세의 보상을 약속하지만 "이 세상에서의 보상"도 약속한다. 하지만 에드워즈를 번영의 복음이나 팔고 다니는 오늘날의 텔레비전 전도자들의 선구자로 착각하지 않으려면, 우리는 그가 그리스도의 영광과 탁월함에서 가장 큰 기쁨을 발견했다는 사실을 명심해야 한다. 에드워즈는 「고린도후서」에 나오는 바울의 증언을 상기시킨다.

"근심하는 자 같으나 항상 기뻐하고 가난한 자 같으나 많은 사람을 부요하게 하고 아무 것도 없는 자 같으나 모든 것을 가진 자로다"(고후 6:10).

바울은 자신의 모든 경험을 새로운 셈법으로 계산할 수 있었다. 그의 천국 시민권이 그에게 새로운 관점을 제시해 주었기 때문이었다. 우리가 우리의 천국 시민권이 제시하는 새로운 관점을 채택한다면, 이 세상은 우리 앞에 완전히 새로운 모습으로 나타난다. 우리는 기쁨과 즐거움, 감미로움과 아름다움 등의 참된 의미를 깨닫게 된다. 그러한 의미는 우리가 천국 시민으로 이 땅에서 살 때 비로소 뜻이 통하는, 새롭게 정의된 의미이다. 열아홉 살의 에드워즈에게는 바로 이것이 기독교를 위한 변증의 논리였다.

에드워즈의 변증이 지닌 설득력을 이해하기 위해서는 다음과 같은 한 가지 예가 도움이 될 것이다. 학자, 목회자, 평신도를 막론

하고 많은 그리스도인들이 모르몬 교회를 논박하는 좋은 논증들을 개발해 왔다. 이들은 모르몬 교회의 겉모습에 감춰진 이면을 직시하고 그 위험성과 속임수를 제대로 간파했다. 그런데 바로 이 사람들이 모르몬 성전 합창단의 CD를 갖고 있거나 적어도 이 합창단의 노래를 들을 때 감탄을 금치 못한다. 모르몬 교회는 그 온갖 거짓말에도 불구하고 아름다움의 힘, 기쁨의 힘을 이해하고 있다. 그들이 보여주는 아름다움과 기쁨은 꽤 매력이 있다. 그래서 우리가 모르몬 성전 합창단의 CD를 사게 되는 것이다.

모르몬 교회는 합창단과 합창단이 연출하는 완벽한 음향 효과를 갖춘 훌륭한 성전을 관리하는 데 많은 자원을 투입한다. 이 모든 노력은 우리를 모르몬 교회 예배당으로 끌어들이기 위한 전략이다. 모르몬 교회의 관행을 비난하면서도 모르몬 성전 합창단의 음악을 즐겨 듣는 것은 이중적인 기준이라고 주장하려는 것이 아니다. 오히려 나는 여기서 우리가 그리스도인으로서 그들에게서 배워야 할 한 가지 교훈을 도출해 내려는 것이다. 그들이 보여주는 아름다움과 기쁨은 분명 매력이 있다. 그것이 진리와 결합되기만 한다면 그 힘은 참으로 가공할 만하다.

우리 자신과 우리의 변증이 아름다움의 힘을 상실한 것은 아닌지 우려된다. 우리는 가을철에 화려한 색색의 옷으로 갈아입는 나무들을 창조주의 선하심을 보여주는 증거로 제시할 줄 알아야 한다. 위대한 예술 작품 앞에 잠시 멈춰 설 줄 알아야 한다. 아름답게 작곡되어 완벽하게 연주된 음악 한 곡 앞에서 조용히 경탄할 줄 알아야 한다. 에드워즈가 우리에게 상기시키듯이 꿀의 달콤한 맛을 즐길 줄 알아야 한다.

우리 집 아이들은 아직 어리다. 우리와 대화를 나누는 거의 모든 사람들이 우리 부부에게 이 시절을 마음껏 즐기라고 말한다. 아이들은 어느새 곧 커버리기 때문이다. 사람들은 이렇게 말한다. "아이들을 실컷 사랑해 주세요. 어느새 다 커버려서 곁을 떠나는 날이 올 테니까요." 우리 부부는 세월이 얼마나 빠른지 이미 실감하고 있다. 사실 우리 모두에게 이 세상의 삶은 ― 영원이라는 척도와 비교해 볼 때 ― 순식간에 지나간다. 이 땅에 있는 동안 우리는 하나님이 우리를 위해 지으신 이 세상을 즐겨야 한다. 이 세상을 더 좋은 곳으로 만들기 위해 우리의 재능을 활용해야 한다. 우리의 삶은 다른 사람들의 기쁨에 보탬이 되어야 한다.

물론 이 세상을 기뻐하고자 노력할 때는 세상에 너무 집착하지 않도록 주의해야 하지만 말이다. 그러나 다른 한편으로 우리는 세상을 기뻐하고 하나님의 선한 손길에서 나오는 모든 것을 누림으로 인한 유익을 충분히 누리지 못한 채 세월을 헛되이 보낼 수도 있다(약 1:17). 시간은 쏜살같이 빨리 지나가 버린다.

우리는 또한 이 죄로 타락한 세상에는 온갖 아름다운 것들도 있지만 추한 것도 많이 있다는 사실을 간과할 수 없다. 인간의 패역한 심성은 오랜 세월 동안 많은 문제를 초래했다. 고난과 연약함은 많은 이들을 따라다니며 아름다움과 마음속 깊은 곳에서 솟아나는 기쁨과 아름다움이 가져오는 기쁨을 질식시킨다. 조화에는 부조화가 따라다니고 아름다움에는 추함이 따라다닌다. 이런 비참한 환경 속에서는, 이 낡은 땅이 불타 없어지고 ('햄릿'의 말을 빌리면) 우리의 몸이 "녹아 없어져 이슬이 되어 버리기를" 갈망하기 쉽다. "이 세상의 모든 유익도 내게는 너무나 지긋지긋하고 진부하고 무익해 보이도다!"[11] 그런 때에 우리는 언젠가 새 하늘과 새 땅을 창조하실 하나님이 이 하늘과 이 땅을 창조하신 바로 그 하나님이라는 사실을 기억해야 한다. 그리고 우리는 이 창조주의 전권대사로 부르심을 받았다.

진리는 강력하다. 진리에 아름다움과 기쁨이 수반될 때, 진리는 말 그대로 하늘과 땅을 움직일 수 있다. 공허하고 헛된 쾌락을 추구하는 데 미쳐 돌아가는 세상에서, 조나단 에드워즈의 기쁨의 논증은 큰 도움이 될 수 있다. 우리가 천국 시민으로서 할 수 있는 가장 최선의 일은 이 세상을 나그네와 같이 살면서 이러한 진리와 결합된 소망과 기쁨의 메시지를 전하는 일일지도 모른다. 그럴 때 우리는 단순한 천국 시민이 아니라 천국의 전권 대사가 되는 것이다.

결론: 세쿼이아 나무를 심자

에드워즈는 (물론 이 세상에서도 제대로 경험하는 것이 가능하기는 하지만 기본적으로는) 이 세상에 뿌리를 두지 않은 기쁨의 미덕을 찬양한다. 에드워즈는 천국과 이 땅 사이에서 경험하는 기쁨에 대해 말한다. 에드워즈가 우리에게 권면하는 즐거움과 감미로움과 기쁨과 쾌락은 이 세상을 — 북미지역과 같이 대부분의 사람들이 풍요를 누리는 곳이든 북한과 같이 많은 형제자매들이 궁핍에 시달리는 곳이든 상관없이 — 초월한다. 우리의 시민권은 하늘에 있다는 사실을 안다면 이 세상에서 그리스도가 없는 사람들은 갖지 못하는 하나의 관점, 설 자리를 갖게 된다. 천국 시민이 되면 이 세상의 한시적인 시민권에 비할 수 없는 특권을 누릴 수 있게 된다. 우리가 이 세상을 기뻐할 수 있고 심지어 다른 사람들이 이 세상에서 기쁨을 누리는 데 보탬이 될 수도 있는 것은, 천국 시민권에도 불구하고 가능한 일이 아니라 바로 천국 시민권 때문에 가능한 일이다.

요한 제바스티안 바흐Johann Sebastian Bach는 교회에서 의뢰받은 곡이든 왕이나 귀족에게 의뢰받은 곡이든 언제나 자신이 작곡한 곡에 JSB와 SDG라는 두 종류의 약자로 서명을 하곤 했다. 첫 번째 약자는 물론 바흐 자신의 이름을 나타내는 것이고, 두 번째 약자는 "오직 하나님의 영광을 위해"라는 뜻을 지닌 라틴어인 '*Soli Deo Gloria*'를 나타낸다. 바흐가 눈을 감은 이래로 수 세기 동안 수많은 음악 애호가들과 음악가들이 그의 음악을 듣고 연주하면서 기쁨을 맛보았다. 바흐는 기쁨과 아름다움이라는 유산을 남겼다. 에드워즈는 이 설교를 전할 때 자신이 소수의 뉴욕 식민지인들만을 상대로 권면하고 있다고 생각했을 것이다. 그러나 그로부터 거의 삼백 년이 지난 지금 그가 남긴 말은 많은 독자들에게 영감과 기쁨을 주고 있다. 바흐와 에드워즈, 그리고 그 밖의 많은 사람들은 이 세상을 단지 열매 맺지 못하고 썩어가는 것으로 보지 않았다. 그들은, 침몰하는 배가 파멸과 망각 속으로 빠져들고 있는 순간에도 배를 손질하는 일은 여전히 가치 있다고 생각했다.

켄터키 출신의 시인, 수필가 겸 농부인 웬들 베리Wendell Berry는 "미친 농민 해방 전선 선언문"이라는 다소 장난기 어린 시에서 비관적 세계관에 단 두 단어로 도전장을 내민다. "세쿼이아를 심어라."[12] 우리는 천국 시민으로서 어떻게 살고 있는가? 우리는 우리의 소망이 다가올 세상에 있다는 것을 잘 안다. 또 청교도 목사 제레마이어 버로스(Jeremiah Burroughs, 1599-1646)와 마찬가지로 우리는 손 안에 큰 것을 가지고 있지만, 소망 속에서 더 큰 것을 가지고 있다는 사실을 잘 안다.[13] 그럼에도 우리는 하나님이 이 세상을 지으셨으며 우리를 세상의 청지기로 부르셨다는 사실도 알고 있다. 더 나아가 우리는 천국 시민으로서의 도리를 다 하여 이 땅에 천국을 실현함으로써 세상의 가장 위대한 청지기가 될 수 있고 또 마땅히 그래야 한다. 우리는 하늘에 마음을 두고 있으면서도 이 땅에 선의 씨앗을 심는다.

오늘날 미국의 캘리포니아 주나 오리건 주에서 볼 수 있는 거대한 삼나무인 세쿼이아 나무는 사실 수 세기에 걸쳐 지금의 크기로 자라난 것이다. 세쿼이아 나무는 지금과는 다른 시대에 자라나기 시작해서 오늘날에는 말 그대로 거대한 그늘을 드리우고 있다. 웬들 베리는 우리에게 세쿼이아 나무를 심자는 말로 우리가 남길 유산과 우리가 다음 세대에게 미칠 영향에 대해 생각해 볼 것을 점잖게 일깨워 준다. 그는 우리에게 긴 안목을 가지고 침몰하는 배를 수선할 것을 권한다. 그 배는 곧 하나님의 배이기 때문이다. 그리스도의 재림이 늦어진다면 우리는 다가올 세대를 위해 세쿼이아 나무를 심어야 한다. 우리는 사람들의 관심을 사로잡기 위해 서로 경쟁하는 온갖 악하고 추한 것들의 한가운데 이 세상을 즐거워하는 일의 아름다움과 기쁨을 부각시키고자 애쓴다. 우리는 다른 사람들이 아름다움의 열매를 수확할 수 있도록, 모든 아름다움과 모든 기쁨의 원천이신 하나님을 보고 알고 사랑하고 찬양하도록, 아름다움의 씨앗을 뿌린다.

그러나 우리는 온 세상 그리스도인들의 경험이 전부 똑같지는 않다는 사실을 간과해선 안 된다. 모든 사람이 다 바흐의 협주곡을 즐길 수는 없다. 또 모든 사람이 악한 것과 추한 것을 간과할 수도 없다.

여기서 또 다시 우리는 에드워즈에게서 교훈을 얻는다. 그의 삶은 우리가 1장에서 살펴본 것처럼 그렇게 순탄하지만은 않았다. 그와 같은 시대를 살았던 식민지인들도 고생이 무엇인지 알았다.

그들은 높은 유아 사망률을 경험했고 질병에 속수무책이었으며 우리가 현대 사회에서 당연하게 여기며 사는 문명의 이기도 거의 가져보지 못했다. 에드워즈는 자기 불신과 사람들의 거부까지 겪었다. 이 모든 일에도 불구하고 그는 기쁨과 즐거움, 감미로움과 환희에 대해 말할 수 있었다. 그 이유는 그가 천국 시민이 된다는 것이 무엇을 의미하는지를 알았기 때문이었다. 대부분의 서구 그리스도인들, 그 중에서도 특히 북미 문화권에 속한 이들은 이 사실에 놀라야 마땅하다. 우리는 북한과 같은 곳에 사는 형제자매들, 또는 극심한 어려움을 겪고 있는 중국 지하 교회의 형제자매들과 같이 자기가 사는 나라에서 시민권을 거부당하고 매일 극한적인 핍박을 경험하는 우리와 한 식구인 천국 시민들이 보여주는 굳은 결심과 모범적인 삶에 놀라고 겸손해져야 한다. 우리는 선진국에서는 당연시되는 문명의 혜택과는 거리가 먼 오지에 사는 그리스도 안에 있는 우리의 형제자매들의 희생에 놀라야 마땅한다.

아프리카에 사는 일단의 그리스도인들은 '그리스도인'으로 불리지 않는다. 대신 그들은 노래하는 사람들로 불린다. 누군가가 교회에 다니고 싶으면 그는 "노래 부르고 싶다"고 말한다. 고통과 시련, 가난과 역경으로 점철된 어려운 삶의 와중에서도 그들은 노래한다. 그들은 그리스도에 대한 충만한 기쁨으로 마음 깊은 곳에서 노래한다. 우리는 그런 노래를 귀 기울여 들을 마음의 준비를 해야 한다. 그들의 아름다운 노래를 경이롭게 여겨야 한다.

바울도 궁핍함이 무엇인지를 잘 알았다. 궁핍한 시절에 그의 천국 시민권은 그에게 힘과 용기를 북돋아 주었다. 그는 참된 실재를 알았기 때문에 슬픔을 기쁨으로 바꿀 수 있었다. 사실 우리가 어떤 환경 속에서 살든지 천국을 이 땅에 가져오는 일은 어려운 일이다. 앞에서 지적한 것처럼 우리는 이 세상을 벗어나기를 갈망하거나 이 세상에 지나치게 애착을 갖기가 너무 쉽기 때문이다. 그러나 두 관점 모두 우리의 천국 시민권이 지닌 특권을 간과하고 있다. 우리의 천국 시민권은 이 세상을 다른 각도로, 하나님이 원하시는 방식으로 즉, 아름다움과 기쁨과 즐거움이 가득한 세상, '꿀'이 있는 세상으로 바라볼 수 있는 특권을 우리에게 부여한다. 에드워즈가 제대로 말했듯이, 우리는 오직 그리스도인으로서의 기쁨 때문에 그리스도인이 되어야 한다.

천국 시민권은 높은 특권을 부여할 뿐 아니라 무거운 책임도 함께 수반한다. 이후의 몇 장에서 우리는 이 땅에 사는 천국 시민으로서의 우리의 의무를 살펴보겠다. 그 동안 우리가 가진 특권을 누리고 이 세상의 기쁨을 만끽하자. 그래서 다른 사람들도 우리의 그런 모습을 볼 수 있게 하자.

바르게 처신하기

하나님의 자비로 겨우 살아난 우리가
다른 사람에게 몰인정하다면
이 얼마나 가당치 않은 일입니까!
_ 조나단 에드워즈

과거에 유럽이 아메리카 대륙을 "기독교화"한 역사는 공과(功過)가 섞여 있는 역사이다. 초기 복음화 과정 가운데 어떤 일들은 칭찬받아 마땅하지만 어떤 일들은 회개해야 마땅하다. 회개해야 할 역사 중에는 쿠바에 기독교를 도입하고자 한 선교사들의 잘못된 열심도 있다. 디에고 벨라스케스가 이끄는 에스파냐의 신대륙 원정군은 원주민인 타이노 인디언들의 저항에 부딪혔다. 반란을 주도한 인디언들은 붙잡혀 그 자리에서 화형을 당했다. 그들에게는 자신들의 생명을 앗아갈 불길이 치솟기 직전에 죄를 회개하고 기독교인이 될 수 있는 기회가 주어졌다. 그들은 기독교인이 되면 죽는 순간 천국에 들어갈 것이라는 말을 들었다.

그러자 붙잡혀온 인디언 가운데 하투에이라는 한 추장이 천국에도 에스파냐에서 온 기독교인이 있느냐고 물었다. 그는 천국에도 자신들을 붙잡아 처형한 에스파냐인들 같은 사람들이 과연 있겠느냐고 질문한 것이었다. 에스파냐인들은 이렇게 대답했다. "그렇다. 너도 기독교인이 되면 천국에서 우리들과 함께 살 수 있다." 하투에이는 그 말을 듣자 자기는 천국에 가고 싶은 마음이 전혀 없다고 잘라 말했다. 전설에 따르면 그는 1512년 2월 2일 화형당하기 직전에 다음과 같은 마지막 말을 남겼다고 한다.

"(너희들 같은) 기독교인들이 천국에 간다면 나는 절대로 거기 가고 싶지 않다."[14]

뉴잉글랜드에 정착한 청교도들도 때로는 에스파냐의 정복자들보다 별로 나을 바가 없었다. 하지만 어떤 때는 분명히 에스파냐인들보다는 훨씬 낮게 처신했다. 조나단 에드워즈가 1750년부터 1758년까지 매사추세츠 스톡브리지에 정착해서 모히컨 족과 모호크 족 및 브러더턴 인디언들을 선교한 일이 하나의 좋은 예이다. 에드워즈는 스톡브리지로 가기 오래 전부터 뉴잉글랜드의 목회자들과 교구민들이 인디언 원주민들을 위해 더 많은 일을 하지 않는 것과 예수 그리스도의 복음의 사자로서 제 역할을 하지 못하고 있음을 질책하곤 했다.

에드워즈는, 식민지인들이 적은 이익에만 사로잡혀서 인디언 원주민들의 필요와 권리를 보호하는 데는 지나치게 소극적이라고 생각했다. 식민지인들은 자신들의 문제만을 우선시한 나머지 그들의 이웃인 인디언들의 필요에는 아무 관심을 기울이지 않았다. 식민지인들은 에드워즈가 표현한 대로 "사랑의 행실"을 소홀히 했고 그 결과 그들의 복음 증거는 알맹이가 없는 진부한 것으로 전락하고 말았다. 많은 뉴잉글랜드 지방의 인디언들이 아마도 하투에이와 마찬가지로 천국이 그런 사람들로 가득하다면 그런 곳에는 가고 싶지 않다고 생각했을 것이다.

에드워즈는 이런 문제들에 대해 할 말이 많았을 것이다. 그는 노샘프턴 교회 교인들에게 그리스도인이라면 그러한 소명이야말로 천국 시민권에 따르는 의무임을 깨닫고 "풍성한 사랑의 행실을 보여야" 한다고 말하곤 했다. 앞 장에서 우리는 천국 시민권에 따르는 특권에 대해 다루었다. 우리는 에드워즈가 이 세상의 아름다움과 감미로움을 누리고 기뻐하라고 권면하는 모습을 보았다. 또 아름다운 삶의 모습을 통해 이 세상에 하나님이 계시고 그 하나님이 피조물들에게 선을 베푸신다는 사실을 감동적으로 웅변하는 그런 삶이 어떻게 사람들을 복음으로 이끄는 강력한 자석이 될 수 있는지를 보았다. 이제 우리는 천국 시민권에 따르는 책임을 다 하는 삶이 또한 어떻게 사람들을 복음으로 이끄는 강력한 자석 같은 역할을 할 수 있는지를 살펴보겠다. 또한 그와는 대조적으로 우리의 책임을 소홀히 하게 되면 안타깝게도, 심지어 비극적이게도, 사람들을 그리스도와 천국으로부터 얼마든지 멀어지게도 할 수 있다는 사실을 살펴보겠다.

선을 행하라

에드워즈는 "풍성한 사랑의 행실 Much in Deeds of Charity"이라는 문구를 1741년에 노샘프턴에서 전한 한 설교의 제목으로 사용했다.[15] 설교에서 에드워즈는 이 문구를 이른바 십계명의 "두 번째 돌판"의 내용을 포괄하는 말로도 사용한다. 에드워즈는 십계명을 크게 보아 하나님과 우리와의 수직적 관계를 규정짓는 율법과 우리의 다양한 사회적 관계 속에서의 수평적 상호작용을 규정하는 율법으로 나누어 보는 전통적 관점을 취하고 있다. 율법은 우리와 하나님과의 관계의 측면에서나 인간 상호간의 관계의 측면에서나 전체적으로 우리의 모든 삶의 영역을 지배한다.

설교 첫 부분에서 에드워즈는 우리가 성공적인 그리스도인이 되기를 바란다면 기도와 같은 은밀하고 사적인 경건 생활을 통해 하나님과 우리와의 관계만을 추구해서는 안 된다고 말한다. 그는 이렇게 역설한다. "우리는 또한 십계명의 두 번째 돌판에 새겨진 의무들, 특히 사랑의 행실, 사랑의 실천을 풍성히 해야 한다." 그리스도가 명령했듯이 우리는 하나님을 사랑하고 이웃을 사랑해야 한다(마 22:34-40). 사실 우리는 이웃에 대한 사랑에 의해 하나님에 대한 사랑을 입증할 수 있다.

미국의 복음주의자들은 뉴잉글랜드 식민지인들과 마찬가지로 사랑을 실천하는 문제에 있어서는 (특히 지난 세기에는 더더욱) 오점을 남겼다. 복음주의자들은 활발한 사회적 행위(social action: 사회 개혁을 목표로 하는 조직적 활동)를 통해 20세기의 문을 열었다. 부흥 사가들은 19세기의 큰 부흥 사건들이 어떻게 도시 빈민층, 미성년 노동, 여권 운동 등과 같은 가치 있는 명분을 위한 수많은 사회적 행위로 이어졌는지를 보여주었다. 그러나 세기가 바뀌자 몇 가지 중요한 신학적 변화가 일어났다. 20세기 초에는 사회복음 운동이 대두되었다. 사회복음은 사회적 퇴보를 죄로, 사회적 진보를 구원으로 착각했다. 그 과정에서 복음의 메시지는 왜곡되었다.

사회복음 운동의 지도자들에 의해 예수님은 점점 사회적 진보의 희망으로 여겨지게 되었고 예수님의 죽음은 기성 체제에 대한 저항의 상징이 되었으며 예수님의 부활은 사회적 소외 집단의 희망이 되었다. 복음서의 기록들은 그리스도를 가난하고 궁핍한 이들을 돌보시는 분, 고아와 과부, 사회에서 버림받은 사람들을 돌보라는 구약적 윤리의 기치를 회복시킨 분으로 묘사하고 있는 것이 사실이다. 그러나 사회 복음 운동의 비극은 예수님과 예수님의 십자가 사역을 오로지 이런 식으로만 바라본다는 점이다. 20세기 초에 근본주의자로 알려진 많은 보수적인 기독교인들은 이러한 운동에 대한 반작용으로 사회복지활동에 참여하기를 꺼려하기 시작했고 "풍성한 사랑의 실천"을 위한 노력에 있어서 활기를 잃어갔다.

20세기 중반에 이르자 이 분야에서의 보수적인 기독교인들의 행태는 칼 F. H. 헨리Carl F. H. Henry와 그의 신랄하면서도 시의적절한 책 『현대 근본주의의 불편한 양심 *The Uneasy Conscience of Modern Fundamentalism*』에서의 비판을 초래했다. 한 마디로 헨리는 우리가 이 세상에서 존재감을 상실했으며 그리스도께서 우리에게 주신 소명인 세상의 빛과 소금으로서의 역할을 하지 못하고 있다는 사실을 보여주었다. 헨리는 "고통 받는 인류를 외면함으로써 제사장과 레위인처럼 되어 버렸다"고 일갈했다. 헨리는 선한 사마리아인의 비유를 20세기 교회를 비판하는 데 적용했다.[16]

헨리의 책은 기독교적 제자도의 전반적인 본질로 되돌아가자는 호소의 예고편이었다. 우리는 세상에서 은둔할 것이 아니라 세상에 깊이 관여해야 한다. 헨리는 우리에게 신앙생활을 하려면 율법의 두 돌판을 다 지켜야 한다고 말했다. 우리는 선한 사마리아인의 비유에서 배울 수 있는 교훈과 같이, 설령 그러한 이웃 사랑이 비용이 들고 불편하다 하더라도 하나님을 사랑하고 이웃을 사랑해야 한다. 달리 행동할 여지가 없다. 현대의 그리스도인인 우리는, 때로는 헨리의 호소에 따르기도 했지만 때로는 그런 호소를 무시했다. 그럼에도 우리 모두는 지금보다는 낫게 행동할 수 있다. 에드워즈는 우리가 제자다운 제자로 살아야 할 설득력 있는 근거를 제시한다.

북미의 사회복음 운동이나 보다 최근에 대두된 남미의 해방 신학은 우리가 복음을 선포하면서 "풍성한 사랑의 실천"을 택할 때 바른 길을 벗어나지 말라는 경고 표지판과도 같다. 사회적 관심사에 관여하면 복음 선포의 빛이 발할 수도 있지만 그렇다고 반드시 그래야 할 필요는 없다. 우리는 그러한 위험을 충분히 피할 수 있다. 하지만 또한 우리는 세상에 일절 관여하지 않는 기독교적 제자도에 대한 근시안적 관점에서 벗어날 필요가 있다. 우리는 율법의 두 번째 돌판에 기록된 계명도 따라야 한다.

복음을 왜곡시킬지도 모른다는 두려움 속에는 가난하고 궁핍한 이들에 대한 자비와 사랑과 관심의 실천을 방해하는 또 다른 원인이 있다. 우리는 너무나 불공평해 보이는 이 세상에서 불의를 바로잡는 일을 포기했을지도 모른다. 천국에는 "정의가 물같이, 공의가 마르지 않는 강같이 흐를" 것이다(암 5:24). 그러나 지금은 정의는 물방울처럼 뚝뚝 떨어지는 반면 부정은 철철 흘러넘치며 공의는 거의 메말라 바닥을 드러내고 있지만 불의는 파도처럼 끝없이 밀려온다. 우리가 해야 할 일은 산더미처럼 많다.

최종 심판의 날, 모든 것이 바로잡힐 날은 분명히 오고 있다. 그렇다고 해서 그 사실이 우리가 그 때까지 불의와 맞서지 말아야 한다는 뜻은 아니다. 사실 우리는 에드워즈가 "천국은 사랑의 세계입니다"라는 설교에서 했던 말을 다음과 같이 바꿔 볼 수도 있다. 그 설교에서 에드워즈는 이렇게 말했다. "천국이 사랑의 세계이듯이 천국으로 가는 길은 사랑의 길입니다." 만일 그가 오늘날의 상황에 처해 있었다면 그는 아마도 천국은 정의의 세계이므로 천국으로 가고자 하는 이들은 자신의 삶과 행동으로 정의를 보여주어야 한다고 말했을 것이다. 천국으로 가고 있는 이들은 불의한 세상에서 정의의 편에 섬으로써 이 땅에 천국을 실현시켜야 한다. 에드먼드 버크Edmund Burke는 다음과 같은 명언을 남겼다.

"악이 승리하기 위한 유일한 조건은 선한 사람들이 아무 일도 하지 않는 것이다."

우리의 의무

에드워즈는 「사도행전」 10장 4-6절을 "풍성한 사랑의 행실"이라는 설교의 본문으로 삼았다. 그는 「사도행전」에 등장하는 고넬료에 대해 살펴본 뒤 계속해서 사랑을 실천한 귀감이 된 성경의 등장인물들을 차례로 열거해 나간다. 심지어 자신과 동시대인인 아우구스트 헤르만 프랑케(August Hermann Franke, 1663-1727), 조지 휫필드(George Whitefield, 1714-1770) 등의 생애도 예로 든다. 프랑케는 여러 인도주의적인 업적을 많이 남겼지만 그중에서도 특히 독일 할레에 고아원을 세운 것으로 유명하다. 에드워즈는 교인들에게 이렇게 말했다. "하나님은 이 고아원을 놀랍도록 축복하셨다." 휫필드도 조지아 주에 고아원을 세웠다. 사실 휫필드는 대각성 운동(1740-1742) 때 식민지 이곳저곳을 순회하면서 복음만 전한 것이 아니라 고아원 설립을 위해 돈을 모금하고 그러한 사랑의 실천이 왜 필요한지를 역설하기도 했다. 에드워즈는 프랑케와 휫필드를 교인들에게 본받아야 할 살아있는 귀감으로 제시한다.

에드워즈는 그러한 귀감을 제시한 뒤 교인들에게로 시선을 돌린다. 그는 교인들에게 "넘치는 사랑의 실천"보다 하나님이 우리를 위해 행하신 일에 감사를 표현하는 더 좋은 방법이 있느냐고 묻는다. 계속해서 그는 이렇게 말한다. "겉으로는 감사한다고 하면서 십계명의 두 번째 돌판에 새겨진 의무들을 소홀히 하는 것은 무엇을 뜻합니까?" 하나님을 사랑하는 것은 우리에게 "풍성한 사랑의 실천"을 요구한다.

그는 이전에 다른 설교를 통해서도 이 주제를 다룬 적이 있었다. 「신명기」 15장 7-11절을 본문으로 한 "가난한 이들을 구제해야 할 의무 The Duty of Charity to the Poor"라는 설교가 바로 그것이다.[17] 「신명기」에서 하나님은 이스라엘 백성에게 가난하고 궁핍한 이들을 돌아보고 그들에게 과시하거나 인색하게 굴지 말며 너그럽게 베풀어 주라고 명하신다. 설교 본문은 다음과 같이 끝을 맺는다. "너는 반드시 네 땅 안에 네 형제 중 곤란한 자와 궁핍한 자에게 네 손을 펼지니라"(신 5:11). 에드워즈는 이 설교의 교리로 다음과 같은 분명한 결론을 도출해 낸다. "궁핍한 이들이 필요로 하는 것을 공급해 주기 위해 자원해서 풍성하게 베푸는 일은 하나님의 백성들의 절대적이고 필수불가결한 의무이다."

그리스도인들은 특별히 하나님이 행하신 모든 일로 인해 하나님께 빚을 진 사람들이다. 무엇보다 우리는 인간이 하나님의 형상대로 지음 받았음을 잘 알고 있다. 모든 인간에게는 선천적인 존엄성이 있다. 따라서 우리는 서구 문화가 사람들을 대하는 태도와는 다르게 사람들을 대해야 한다. 서구 선진국에서는 사람을 경제적 기여도에 따라 평가하는 경향이 있다. 부자들은 가난한 이들보다 높은 대우를 받는다. 우리 그리스도인들도 그러한 문화적 압력에서 언제나 자유롭지는 않다. 「야고보서」 2장 1-13절에 나오는 초대교회의 예를 보라. 불행하게도 우리는 사람들의 은행 계좌를 가지고 그 사람의 중요도에 등급을 매기려는 유혹에 쉽게 굴복한다. 그러나 사실은 가난한 사람이나 부요한 사람이나 모두 하나님의 형상대로 지음 받았고 영원한 존재이며 존엄한 가치를 지니고 있다. 자선을 무시하는 이기적인 영혼은 "인간이라기보다는 늑대나 그 밖의 맹수들에 더 가깝다"고 에드워즈는 말한다.

C. S. 루이스는 (그의 상상력으로나 가능한 일이었겠지만) 우리가 보는 모든 인간, 심지어 사회적 관례에 따라 가장 천하다고 여겨지는 사람들조차 육신이라는 껍질을 벗겨내고 있는 그대로 보며 우리 주변의 사람들을 영원불멸의 존재로 볼 것을 제안했다. 잠시라도 사람들을 그렇게 본다면 우리는 충격을 받을 것이며 다른 사람들에 대한 우리의 사고방식은 영원히 변하게 될 것이다. 인간이라

는 존재에 대한 우리의 이해방식은 영원히 바뀔 것이다. 루이스는 이렇게 말했다. "평범한 사람은 없다. 당신은 단순히 죽어 없어질 인간에게 말을 걸어본 적이 없다." 모든 인간은 하나님의 형상으로 지음 받은 영원한 존재이다. 계급, 인종, 지위 또는 우리가 누군가의 가치와 중요성을 결정하기 위해 세울 수 있는 다른 어떤 기준도 우리가 인간 존재의 참된 의미를 파악하는 순간 허물어지고 만다.[18]

그리스도인에게는 가난하고 궁핍한 이들을 도와야 할 의무가 있는데, 그 이유는 그리스도인의 마음에 값없이 부어진 하나님의 은혜 때문이다. 에드워즈는 값없이 자기 아들을 내어주신 하나님의 은혜를 고려해야 한다고 권면한다. 하나님의 은혜에 대한 응답으로 우리는 즉시 "아낌없이 가난한 이웃을 구제"하기 위해 애써야 한다. 에드워즈는 이렇게 결론짓는다.

"하나님의 자비로 겨우 살아난 우리가 다른 사람에게 몰인정하다면 이 얼마나 가당치 않은 일입니까!"

계속해서 에드워즈는 "그리스도의 제자인 척 하는" 우리의 위선적인 모습을 질책한다. 그는 이렇게 덧붙여 말한다.

"스스로 그리스도인인 척 하면서 기독교에서 주로 강조하고 있는 기독교적 규범을 무시하며 산다는 것은 무엇을 의미하겠습니까?"

다시 말해 우리가 그리스도인으로 자처한다면 그리스도인답게 사는 일을 무시할 수는 없다는 것이다. 우리가 스스로 그리스도인임을 고백한다면 "풍성한 사랑의 실천"이 있어야 한다. 그러나 우리가 늘 신앙 고백한 대로 살지는 못한다. 에드워즈는 설교를 전하는 내내 이 사실을 놓치지 않는다. 그는 계속해서 예상되는 반론들을 차례로 제기하고 각각의 반론에 대해 답변한다. 에드워즈의 시대에는 설교가 마치 논리 경연 대회와도 흡사한 면이 있었다. 모든 반론은 에드워즈의 논리 앞에 무너지고 결국 그리스도인에게는 궁핍한 이들에게 자선을 베풀어야 할 의무가 남았다.

에드워즈는 이 의무가 "부패한 본성, 인간의 악한 마음 안에 가득 들어찬 탐욕, 이기심과 정반대"되는 실천하기 "어려운 의무"임을 인정한다. 또한 그는 때때로 이러한 의무들이 우리의 희생을 요구한다는 점도 인정한다. 그렇다. 이 의무는 실천하기 어렵다. 그러나 꼭 필요한 일이기도 하다.

"이 일은 신약 성경에서 너무나 본질적인 일로 언급되어 있어서, 이것과 배치되는 것은 하나님께 대한 신실한 사랑과 양립할 수 없다."

에드워즈는 "풍성한 사랑의 실천"에 대해 설교하는 것으로만 그치지 않았다. 자신의 삶을 통해 모범을 보였다.

정의가 물같이 흐르게 하라

그들은 야만족이었다. 마귀가 그들의 피를 빨아먹는다는 소문이 돌았다. 그들은 파멸을 향해 질주하고 있으며 파멸이야말로 그들이 창조된 목적 자체라고 많은 사람들이 믿었다. 그들이 누구일까? 바로 청교도들이 신대륙에 정착한 시기에 뉴잉글랜드에서 살고 있었던 인디언 원주민들이다. 그런데 이들이 바로, 7년 동안 에드워즈의 설교를 들은 교인들이었다.

청교도 1세대는 실제로 인디언 원주민들과 좋은 관계를 유지했다. 청교도들은 심지어 원주민들 가운데서 많은 회심자도 얻었다. 식민지인들은 그런 회심자들을 "기도하는 인디언"이라고 불렀다. 영국에서는 인디언 선교를 돕기 위해 선교 단체가 결성되었고 존 엘리엇John Elliot은 성경을 원주민 언어의 하나인 알곤킨어로 번역하는 일을 시작했다.

그러나 상황이 늘 그렇게 좋지만은 않았다. 에드워즈는 당시 식민지인들이 인디언 원주민들을 복음화해야 할 의무를 소홀히 할뿐만 아니라 때때로 원주민들을 가혹하고 불공평하게 대하고 있다는 사실을 곧 깨달았다. 그는 설교문을 통해서나 스톡브리지 시절(1750-1758년)에 쓴 편지들을 통해 동료 식민지인들의 불의한 처사에 대해 경종을 울렸다. 또 후서토닉 강을 따라 매사추세츠 지방 스톡브리지 마을에 정착한 (주로 모히컨 족으로 구성된) 여러 원주민들과 함께 살면서 그러한 부당한 일들을 해결하기 위해 노력했다.[19] 한 연구에 따르면 이 땅은 스톡브리지에 정착이 이루어진 때부터 1750년까지, 그리고 1758년부터 (지금은 아무 땅도 없는 모히컨 족이 처음에는 뉴욕에서 "쫓겨나고" 그 다음에는 오늘날의 위스콘신 주로 쫓겨난) 1790년대 말까지 탐욕스런 백인들에게 빼앗겼다고 한다. 그러나 그 사이 기간인 1750년부터 1758년까지는 그런 부당한 토지 거래가 발생하지 않았다. 에드워즈가 스톡브리지에서 목회자로 섬겼던 기간이 바로 이 기간이다.

1751년 어느 날 에드워즈는 모히컨 족과 영국인들과의 조약이 체결되는 자리에서 초청 연설을 하게 되었다. 청중 가운데는 여러 인디언 지도자들도 있었고 영국인들 중에는 매사추세츠 총독, 입법부 의원, 저명한 목사 등 유력 인사들이 골고루 있었다. 에드워즈는 이 기회를 잘 활용하여 복음을 전하는 한편 영국인들에 대한 따끔한 비판도 잊지 않았다. "기독교는 모든 인류에게 사랑과 자비를 베풀라고 가르칩니다." 그는 그렇게 담대히 선포했다. 그러나 영국인들은 이 진리를 망각했다. 에드워즈는 심지어 "그리스도인처럼 처신하지 않는 백인들의 부끄러운 태만함"까지 거론했다. 백인들은 가장 큰 사랑과 자비의 행위인 복음 전파를 등한히 하고 있었다. 영국인들은 복음을 자신들만 소유하면서 자신들이 인디언들에게 저지를 수 있는 가장 큰 죄악을 저질렀다.

그러나 그 날 에드워즈는 매사추세츠 지방의 유력 인사들이 식은땀을 줄줄 흘릴 만한 말들을 거침없이 했다. 에드워즈가 인디언들에게 다음과 같이 솔직한 말을 거침없이 할 때 옷깃을 만지작거리며 이마를 훔치는 백인들의 모습이 상상이 될 정도이다.

"많은 영국인들과 네덜란드인들은 여러분들이 똑똑해지는 것을 원치 않습니다. 그들은 여러분에게서 이익을 얻을 목적으로 여러분을 무지의 어둠 속에 가두어 두는 쪽을 택합니다. 그들이 여러분을 무지 속에 가두어 두는 한 여러분과의 거래에서 여러분을 속이기가 더 쉽기 때문입니다."

경제적 불평등은 또 다른 형태의 잔혹 행위였다. 에드워즈는 미국 인디언 선교 사역의 자금 조달에 관심을 가진 런던의 한 재력가에게 보내는 편지에서도 이와 비슷한 견해를 피력했다. 에드워즈는 그에게 백인들의 부당한 처사로 인해 선교 사역이 어떤 도전에 처해 있는지 알려 주었다. 에드워즈는 솔직하게 다음과 같이 말했다.

"우리가 그들과 많은 물건을 거래한 것은 사실입니다. 하지만 우리와 그들과의 교역은 자연스럽게 그들의 마음속에 우리에 대한 불신과 혐오감을 낳는 방향으로 이루어져 왔습니다."[20]

에드워즈가 보기에 그러한 불공정한 처사는 이중적인 비극을 낳았다. 첫째로는 복음의 신뢰성이 훼손되었다. 둘째로는 영국인들이 자신들의 이익을 도모하는 과정에서 다른 이웃들의 필요를 돌보는 일을 소홀히 하게 되었다. 그들은 사랑과 자비를 베풀지 않음으로써 그리스도의 제자가 된다는 것(요 13:35)이 어떤 의미인지 전혀 이해하지 못하고 있음을 여실히 보여주었다.

에드워즈 한 사람만 인디언들에 대한 백인들의 학대와 불의를 고발한 것은 아니었다. 그러나 그가 백인 대다수의 입장에 서 있었던 것도 분명 아니었다. 그럼에도 불구하고 그는 자신이 목격한 불의한 일들을 아무 주저함 없이 고발했고 자신의 목소리를 내지 못하는 이들을 적극적으로 대변했다. 인디언 대다수는 영어로 읽고 쓸 줄 몰랐고 매사추세츠 식민지의 법정과 법률 체계에 맞서 싸울 가망도 없었다. 인디언들은 부당한 대우를 받았을 때 자신을 변호할 기회도 거의 없었다. 에드워즈는 설교하는 일과 『의지의 자유 Freedom of the Will』 같은 역작을 집필하는 일 외에도 이런 저런 일로 피해를 당한 여러 인디언 원주민들을 구제하기 위해 많은 편지를 썼다. 언젠가는 이웃 마을에서 두 인디언이 영국인 두 사람이 훔쳐간 자기 말을 되찾아 오려다가 총에 맞아 죽은 일이 있었다. 그런데 지역 관리들이 이 사건을 수수방관하자 에드워즈가 끼어들었다. 에드워즈는 범인들을 법정에 세우는 데는 실패했지만 적어도 유족들에 대한 배상금은 받아낼 수 있었다. 이처럼 에드워즈는 온갖 사역으로 바쁜 가운데서도 국선 변호인의 역할까지 떠맡았다.

구약과 신약에서 고아와 과부를 돌보는 문제에 대해 그처럼 많이 언급한 이유 가운데 하나는 구약과 신약의 문화적 맥락 속에서 볼 때 이들은 사회에서 소외되었고 자기 목소리를 낼 수 없었기 때문이다. 하나님의 백성들이 이들을 얼마나 잘 돌보고 이들의 목소리에 귀를 기울이느냐 하는 것은 언제나 하나님의 백성들이 하나님과 어떤 관계를 맺고 있으며 하나님을 얼마나 사랑하는지를 보여주는 척도였다. 「야고보서」 1장의 한 말씀은 이 점을 가장 잘 보여준다.

"하나님 아버지 앞에서 정결하고 더러움이 없는 경건은 곧 고아와 과부를 그 환난 중에 돌보고 또 자기를 지켜 세속에 물들지 아니하는 그것이니라"(약 1:27).

야고보가 고아와 과부를 돌보는 것과 세속에 물들지 않는 것, 이 두 가지를 참된 기독교의 표지와 결부했다는 사실은 참 흥미롭다. 또 이 둘의 관계를 생각해 보면 무언가 교훈을 얻을 수 있을 것 같다. 잘못된 세속주의는 사람을 이기적이 되게 하고 적자생존의 살벌한 싸움에서 약자들을 무시하거나 심지어 이용해 먹는 방향으로 이끈다. 그러나 우리에게 세상을 포기하지 말고 세상 속에 적극적으로 관여하기를 요구하는 천국 시민권에 따르는 책임을 이해하는 사람은 야고보가 말하고자 하는 요지를 정확하게 이해할 것이다. 우리가 세속 문화의 가치 체계를 전복시킬 때 천국은 이 세상 속에 침투하게 된다. 궁핍한 이들이 보호받고 소외되지 않으며 인간의 존엄성이 사람의 사회에 대한 경제적 기여도에서 비롯되는 것이 아니라 하나님의 형상으로 지음 받았다는 사실에서 비롯될 때 천국은 이 땅을 침노하게 된다(약 2:1-13, 3:9-12). 에드워즈는 그

러한 실천이 없는 신앙은 명목상의 신앙일 뿐 참된 신앙이 아니라
는 점을 우리에게 말하려고 한 것이다.

　에드워즈 시대에 사회의 주변부로 내몰린 이들은 인디언 원주
민들이었다. 그들은 에드워즈에게 "고아와 과부"였다. 그들은 말
도둑에게 죽임 당한 두 인디언의 유족들의 경우에서와 같이 때로
는 말 그대로 "고아와 과부"였다. 20세기에 들어와서도 특히 민권
운동이 일어나기 전에는 미국 남부의 인종차별을 일삼는 여러 주
에서 흑인들이 주변인 취급을 당했다. 흑인들의 목소리를 대변하
고자 애썼던 많은 이들 가운데 미시시피 주의 한 소작인의 아들인
존 퍼킨스John Perkins라는 사람이 있었다. 퍼킨스는 실제로 자신이
세운 전도 단체를 '갈보리의 음성 Voice of Calvary'이라고 명명했
다. 이 단체는 복음 전도와 더불어 투표자 등록, 주거, 보건 등 사
회적 현안에도 관심을 기울이는 전도 단체였다. 퍼킨스는 자신이
하려는 이야기를 책으로 펴낼 마음을 먹고 「아모스」 5장 24절 ―
마틴 루터 킹 목사가 "내게는 꿈이 있다 I Have an Dream"라는 연
설에서 사용한 유명한 구절 ― 에서 힌트를 얻어 책 제목을 『정의
를 강물처럼 흐르게 하라 *Let Justice Roll Down*』로 정했다. 퍼킨스
는 불의가 바로잡힐 마지막 심판의 날만을 기다리지 않았다. 그는
작게나마 하늘의 공의를 어려움에 처한 세상 속에 실현하고자 애
썼다. 이것이 퍼킨스가 이 땅에서 살아가는 방식이었다.[21]

결론

천국 시민이 되는 데는 큰 책임이 따른다. 하투에이를 처단한 이들은 기독교인의 책임에 걸맞게 살지 못했다고 평가해도 별로 주제넘은 일이 아닐 것이다. 그들은 천국에 대해 말했지만 천국을 가고 싶지 않은 곳으로 만들게끔 처신했다. 내 생각에 기독교의 이름으로 누군가를 화형대에 세우는 일은 더 이상 없을 것이다. 그러나 우리는 훨씬 교묘한 방식으로, 어떤 행동을 통해서가 아니라 행동하지 않음으로써, 만일 천국이 우리 같은 사람들로 가득 차 있다면 그곳은 별로 갈 만한 곳이 아니라는 생각을 알게 모르게 불신자들에게 심어주고 있는지도 모른다.

기독교는 그리스도인들의 삶 때문에 진리가 되는 것이 아니다. 또 천국은 그리스도인들의 본향이기 때문에 가고 싶은 곳이 되는 것이 아니다. 오히려 천국은 에드워즈가 말하듯이 모든 사랑의 근원이신 그리스도가 그곳에 계시기 때문에 모두가 가고 싶어 하는 곳이다. 이런 말들은 물론 다 맞는 말이다. 그러나 불신자들은 우리 안에서 그리스도를 보거나 그렇지 못하거나 둘 중 하나라는 것도 마찬가지로 사실이다. 우리가 그리스도를 제대로 드러내지 못해서 그들의 시야가 어두워지고 우리의 자비와 사랑이 부족해서 그들이 그리스도를 바라보는 데 걸림돌이 될 수도 있다(마 25:31-46). 그렇지 않고 우리가 우리의 삶의 모든 영역 속에서 그리스도를 드러낸다면 사람들은 우리 안에서 그리스도와 그분의 영광의 광채를 볼 수 있을 것이다.

　천국 시민이 된다는 것은 지난 장에서 살펴본 바와 같이 천국을 이 땅에 가져오는 것이다. 이는 불의한 세상에 조금이나마 정의를 실현하는 것을 의미한다. 우리의 행동을 통해 불의에 조금이라도 가담하지 않는 것을 의미한다. 우리 이웃을 위해 우리의 개인적인 이익을 보류하는 것을 의미한다. 사랑을 실천하는 일이 대가가 따르고 불편하더라도, 아니 그럴 때일수록 더욱더 우리의 사랑을 증언하고 보여주는 것을 의미한다. 겉으로만 그리스도인인 척 해서는 안 된다. 참 그리스도인으로 살아야 한다. 우리가 그리스도의 이름으로 "풍성한 사랑"을 베푼다면 세상에 얼마나 큰 영향을 끼칠 수 있을지 상상해 보라.

기다리는 동안

평안을 너희에게 끼치노니 곧 나의 평안을 너희에게 주노라
_「요한복음」14장 27절

나는 "수정액이 마르는 동안 해야 할 101가지 일 101 Things to Do While the White-Out Is Drying"이라는 제목으로 책을 쓸 생각을 줄곧 해 왔다. 책 제목이 참 그럴싸하다고 생각했다. 수정액은 60초만 지나면 다 마르기 때문이다. 그런데 그 60초가 짜증이 날 만큼 긴 시간처럼 느껴질 수도 있다. 나는 그 책을 쓰는 일을 차일피일 미루다가 결국 못 쓰고 말았다. 사람들이 액체 수정액이 마르는 시간조차 못 기다릴 만큼 참을성이 없어서 그 사이에 즉석에서 수정할 수 있는 흰색 수정 테이프가 나왔기 때문이다.

물론 내 말은 농담 반 진담 반이다. 우리는 누가 보더라도 참을성 없는 문화, 즉각적인 욕구 충족의 문화 속에서 살고 있다. 우리는 기다리기를 별로 좋아하지 않는다. 무언가 좋은 것을 기다릴 때는 더더욱 그렇다. 성탄절이나 생일 같은 중요한 날이나 휴가철 같은 때가 다가오면 유난히 하루가 길게 느껴지는 경험을 누구나 한 번씩은 해 보았을 것이다. 그런 중요한 날은 너무 더디 다가오는 것처럼 느껴진다. 또 그런 날은 한 번 지나가면 다시 찾아올 때까지 기다리기도 너무 지루하다. 미래에 어떤 좋은 일이 일어나리라는 희망을 가지고 그 때까지 기다리며 사는 일은 참으로 어려운 일이다. 우리는 어린 시절에 기다리는 일을 별로 좋아하지 않았고 우리들 대부분은 아직도 그 점에 있어서 어린 시절보다 별로 나아진 것이 없다.

그러나 기다리는 일이야말로 하나님이 우리에게 요구하시는 일이다. 성경에 등장하는 인물들의 삶 속에는 하나님이 여러 가지 약속을 주시는 시점과 그 약속이 성취되는 시점 사이에 일관되고도 긴 간격이 있다. 요셉은 자기 형들보다 높임을 받게 될 것이라는 약속을 받았다. 그러나 처음에 그는 노예로 팔렸고 부당하게 감옥에 갇혔으며 함께 감옥에 갇혔던 죄수도 그를 무시해 버렸다. 오랜 세월 동안 약속은 성취되지 않았다. 아브라함과 사라도 오랜 세월을 기다렸다. 이스라엘 민족은 이집트의 속박에서 해방되는 날까지 수 세기를 기다렸고 그 후에도 수십 년을 사막에서 헤매야 했다. 그뿐 아니라 약속된 구원자인 메시야가 올 때까지 대대로 오랜 세월을 기다려야 했다. 하나님은 아담과 하와에게 장차 약속된 씨가 나타날 것이라고 말씀하셨으나 그들은 그 약속이 성취되는 데 수천 년이 걸릴 것이라는 사실은 알지 못했다. 우리도 기다려야 한다. 우리는 천국의 소망, 완전한 육체를 갖게 될 소망, 죄가 없이 하나님과 다른 성도들과 더불어 영원한 교제를 누릴 소망을 받았다. 그러나 아직은 아니다. 지금 우리는 그 날을 기다린다.

기다리는 방법에도 여러 가지가 있다. 대기실 같은 곳에 가 보면 이 사실을 쉽게 알 수 있다. 어떤 사람은 안절부절 못하고 30초마다 시계를 쳐다보며 앉아 있는 자세를 수시로 바꾼다. 어떤 사람은 단 1분 1초도 시간 낭비하지 않으려고 휴대폰이나 PDA를 가지고 효율적으로 시간을 보낸다. 그런가 하면 어떤 사람은 기다리는 시간이 그날 하루 중에 유일하게 한가한 시간인 듯 가만히 앉아 조용한 시간을 즐기며 참을성 있게 잘 기다린다.

마찬가지로 우리의 소망이 성취되고 우리가 받은 모든 약속이 예수 그리스도 안에서 성취될 때까지 기다리는 방법도 여러 가지다. 한 가지 방법은 오로지 천국에서 맞이할 다음 세상을 위해 그러한 약속들을 고스란히 그대로 남겨두는 것이다. 또 다른 방법은 이 세상에서 고난에 직면할 때 내세의 약속에 시선을 돌리고 미래에 성취될 약속을 굳게 붙들어 현재를 바라보는 관점을 얻는 것이다. 에드워즈에 따르면 욥은 바로 이런 식으로 인내한 사람이다. 인내의 귀감인 욥은 비참한 상황 속에서 기다리고 또 기다렸다. 욥이 겪어야 했던 극한적인 고난을 경험한 사람은 거의 없다. 우리가 "욥의 인내"를 이야기하는 것은 나름대로 이유가 있다.

현실을 바라보는 안목이 절실히 필요한 사람이 있다면 그 사람이 바로 욥이었다. 에드워즈는 욥이 그러한 안목을 발견했고, 그것을 다음과 같은 짧은 말로 표현했다고 주장한다. "내가 알기에는 나의 대속자가 살아 계시니"(욥 19:25). 에드워즈는 1740년에 노샘프턴에서 전한 한 설교의 본문으로 이 말씀을 사용했다.[22] 이 시절은 실제로 에드워즈에게도 기다림의 시간이었다. 그 때는 1730년대 중반에 그의 교회에서 일어난 부흥이 이미 자취를 감춘 시점이었다. 에드워즈의 교회와 식민지 전역에 걸친 부흥은 몇 년 후 대각성 운동 시기에 폭발적으로 일어나게 되지만 당시는 아직 부흥의 때가 아니었다. 에드워즈는 조지 휫필드의 설교로 인해 일어난 부흥의 소문을 들었고 자기 교회에도 부흥이 찾아오기를 소망하고 고대했다. 그러나 한동안 그는 또 다른 부흥이 찾아오기를 하염없이 기다리며 살아갈 수밖에 없었다.

지식과 기다림의 함수관계

에드워즈는 욥에게서 우리 모두가 배워야 할 모범을 발견한다. 그것은 아마도 욥이 곧 에드워즈 자신의 귀감이었기 때문일 것이다. 욥의 이야기는 비록 오래된 것이기는 하지만 시대를 초월한 호소력을 지니고 있다. 에드워즈는 이렇게 말한다.

"하나님은 욥의 말이 훗날 성령의 인도함을 받아 한 권의 책 즉, 우리가 언제든 찾아볼 수 있고 3천 년 이상 보존되어 바위 위에 철필로 새긴 글보다 더 오래 지속될 이 책 속에 기록되게 하셨다."

에드워즈가 구체적으로 언급한 말씀은 "내가 알기에는 나의 대속자가 살아 계시니"이다. 그는 이 말씀의 두 가지의 함축된 의미와 욥의 생애에 대한 기록 속에서 그러한 함의가 갖는 기능을 연역해 낸다. 첫째로 그는 이 말씀 속에 나타난 특권 즉, 자신의 구속자가 살아 계심을 아는 특권을 지적한다. 둘째로 그는 "욥이 이 특권을 얼마나 귀하게 여겼는지"를 강조한다. 욥은 비참하고 외로운 상태에서도 이 귀한 말씀을 "의기양양하게" 선포할 수 있었다. 욥은 그토록 많은 것을 잃고서도 자신의 대속자가 살아 계신다는 확신을 소중한 자산으로 간직하고 있었다.

에드워즈는 설교의 교리 부분에서 이러한 특권의 가치를 상세히 부연 설명한다.

"누구든 자신이 어떤 상황에 처해 있든지 자신을 구원하실 주님이 살아 계심을 안다고 말할 수 있다면 그것은 참으로 그 사람에게 큰 위로와 기쁨이 되는 일이다."

이 작은 지식이 욥에게는 천하보다 귀한 것이었다. 이 지식은 욥의 기다림의 시간과 밀접한 관계가 있다. 우리가 대속자이신 그리스도를 생각하는 순간 이 작은 지식은 더더욱 의미심장한 지식이 된다. 에드워즈는 그리스도의 몇 가지 속성을 열거함으로써 이 점을 우리에게 잘 보여준다. 그리스도는 살아 계시고, 부족함이 없으시며 신실하시고, 불변하시고, 영원하신 대속자이시다. 이러한 각각의 속성들은 더 자세히 풀어 설명할 필요가 있다.

그리스도는 살아 계신 구주이시다. 바울이 말하듯이 그분이 살아 계시기 때문에 우리의 믿음은 헛되지 않다(고전 15:17-20). 그러나 그분은 살아계실 뿐 아니라 생명을 주시는 구주이시다. 그분은 실로 "생명의 주인이시자 원천"이시다. 에드워즈가 그리스도를 어떤 일이 닥치더라도 자기 백성을 충분히 회복시키실 수 있는 부족함이 없으신 구주라고 부르는 것은 지극히 당연하다. 우리도 그리스도가 신실하시며 변함이 없으신 분임을 알고 있다. 에드워즈는 이 사실을 우리의 일반적인 경험과 대조한다. "전에는 남들에게 늘 친구로 지낼 것처럼 보였지만 그 우정을 계속해서 유지하지 못하는 사람들이 많이 있습니다." 반면 그리스도는 늘 신실하게 약속을 지키시며 그리스도의 자비는 다함도, 끝도 없다. 에드워즈는 이를 다음과 같이 간결하게 표현한다. "그리스도는 그분이 사랑하시는 이들을 끝까지 사랑하십니다." 그분의 구속 사역에는 한계도 다함도 없다. 그분은 우리가 이 땅에서 살고 있는 지금 이 순간에도 우리의 구주이시다.

에드워즈는 그와 같은 지식에 또 다른 지식을 덧붙이고자 한다. 그리스도는 또한, 우리의 구주이시다. 이는 "우리가 그리스도는 신성을 가지신 영광스런 분이심을 알 뿐 아니라 그 모든 영광을 가지신 그분이 바로 우리의 주님임을 아는” 것이다. 우리는 그분이 살아 계심을 알 뿐 아니라 “그분이 우리를 위해 살아 계시고 죽은 자 가운데서 부활하셔서 우리의 이름을 지니시고 우리보다 앞서 하늘로 승천하셨으며 우리를 사랑하셔서 우리를 위해 죽으셨음을” 안다. 우리는 그리스도를 먼발치에서 바라보고 있는 것이 아니라 그리스도와 동행한다. 그분은 다른 사람을 위한 구주가 아니라 우리를 위한 구주이시다. 우리는 그분을 개인적으로 친밀하게 안다. 욥은 한 대속자, 또는 그 대속자라고 말하지 않는다. 고난의 때에 “나의 대속자”라는 말은 욥에게는 천하 만물보다도 귀한 것이었다.

풍랑 이는 바다, 가라앉는 배, 확신 가득한 마음

에드워즈가 말한 이 모든 지식 속에는 매우 실제적인 의미가 들어 있다. 그와 같은 의미는 어떤 상황에도 좌우되지 않는 위로와 기쁨을 가져다준다. 에드워즈는 실제로 자신의 지력을 총동원하여, 소망을 버리고 싶은 유혹을 쉽게 받을 만한 온갖 상황을 적어도 열 가지 이상 열거한다. 그런 때는 사소한 좌절이나 작은 장애물을 만나는 때가 아니다. 에드워즈는 크나큰 절망과 낙심을 경험하는 때, 욥의 고난과 별반 다를 것이 없는 때, 교인들이 이미 경험했거나 언젠가 경험할지 모르는 고난의 때와 비슷한 때에 겪을 수 있는 상황을 실감나게 묘사한다. 많은 사람들이 이 땅에서 사는 동안 그런 시절을 지나게 된다.

이러한 시련은 영적인 갈등에서부터 자연 재해와 전쟁, 가난과 굶주림의 때부터 질병과 고통의 때에 이르기까지 다양하다. 낙심과 좌절의 구슬픈 노랫소리는 끝없이 이어진다. 그러나 에드워즈는 그 노랫소리에 "내가 알기에는 나의 대속자가 살아 계시니"라는 후렴구를 붙인다. 그것은 고난의 때에 의지할 닻이다. 그래서 그는 이렇게 결론짓다.

"어떤 환경도 그들의 기쁨을 막을 수 없습니다 …… 그들이 지은 집은 아무리 폭풍우가 몰아쳐도 흔들림 없이 견고합니다."

그는 세상에서 고난을 겪고 비바람을 맞아도 자신을 구원하실 대속자가 세상의 비바람보다 높은 곳에 계시며 원하시기만 하면 그 비바람을 다스리시고 잠잠케 하실 수 있는 분임을 알고 있다. 그분이 "잠잠하라, 고요하라"고 명하시면 모든 것이 고요해진다. 그는 풍랑 이는 바다 위에서 위태롭게 흔들려도 자기가 탄 그 배에 자신을 구원하실 대속자가 계심을 알고 있다. 그래서 그 배가 결코 가라앉지 않을 것임을 알고 있다.

하나님은 우리를 사랑하시고 긍휼히 여기신다는 사실을 우리는 알고 있다. 그분은 우리의 모든 연약함과 약점을 불쌍히 여기시는 하나님이시자 인간이시다. 에드워즈는 대속자이신 그리스도가 우리를 영원 전부터 사랑하셨고 지금도 사랑하시며 앞으로도 영원토록 사랑하실 것이라고 결론짓는다. 바로 이것이야말로 풍랑 이는 바다에서 우리가 꼭 알아야 할 유일한 지식이다.

에드워즈는 설교의 적용 부분으로 들어가면서 확신의 문제를 다소 길게 다룬다. 이 주제는 그가 자주 거론한 주제였다. “내가 알기에는 내 대속자가 살아 계시니”라는 욥의 고백에서 울려나는 굳은 확신은 욥의 자신에 찬 마음을 드러내고 있다. 에드워즈는 교인들에게서 바로 그와 같은 마음을 보기를 원했다.

욥과 같은 확신을 가지면 큰 위로와 도움을 얻게 될 것이다. 에드워즈는 그렇게 되는 이유를 몇 가지 열거한다. 첫째, 확신은 기도에 담대함을 더해 줄 것이다. 실제로 이러한 확신은 “기도와 그 밖의 다른 경건의 의무들을 즐거운 일로 만들어줄 것이다.” 둘째, 확신은 유혹에 대항하는 커다란 힘이 될 것이다. 셋째, “확신은 어려운 사명을 감당하고 그리스도를 위해 고난을 견딜 수 있는 용기를 줄 것이다.” 더 나아가 “확신은 하나님을 사랑하는 마음을 크게 불러일으킬 것이다.” 마지막으로 그러한 확신에 찬 마음은 우리로 하여금 기쁜 마음으로 그리스도를 섬기게 할 것이다.

“확신은 여러분으로 하여금 더 기쁜 마음으로 여러분의 본분을 다하게 하고 여러분을 섬김의 길로 이끌어 하나님의 계명을 따르는 길을 걸을 뿐 아니라 달음질하게 할 것입니다.”

이 모든 것이 우리의 대속자가 살아 계심을 아는 데서 비롯된다.

지금 이 땅에서 누리는 평안

욥은 갖은 역경 속에서도 평안을 발견했다. 우리는 평안을 주제로 한 에드워즈의 설교 "그리스도께서 당신의 참 제자들에게 주시는 평안 The Peace Which Christ Gives His True Followers"[23]에서 보다 많은 것을 발견할 수 있다. 에드워즈가 1750년 8월에 전한 이 설교는 그의 생애에서 매우 흥미로운 시기에 나온 설교이다. 에드워즈는 그 해 6월 22일에 교인들의 투표로 교회에서 축출되었고 아직은 스톡브리지에 정착하지 않은 상태였다.[24] 사실 이 당시 그는 앞으로 어떻게 해야 할지 결정하지 못하고 계속 노샘프턴에서 살고 있었다. 에드워즈가 해임된 이후에도 몇 주 동안 임시로 설교를 전하자 노샘프턴 교인들은 어이없게도 그에게 당분간 임시 목사로 있어 줄 것을 요청했다.

당시에 에드워즈가 무슨 생각을 했을지 누구나 쉽게 짐작할 수 있을 것이다. 그는 교인들에게 거부당했다. 그것은 아무리 자기 확신에 가득 찬 사람이라도 자기 불신의 늪에 빠뜨릴 만한 일이었다. 더구나 그는 열 세 명의 대식구를 어떻게 돌봐야 할지 앞이 캄캄했다. 설상가상으로 14년 동안이나 사랑으로 섬겼던 교인들이 영적으로 해이해져 가는 모습을 보며 깊은 근심에 사로잡혔다. 그런 상황에서 그가 「요한복음」 14장 27절을 본문으로 말씀을 전한 것은 어찌 보면 당연한 일이었다. 이 시기의 에드워즈에게는 그리스도의 마지막 위로의 말씀이 더욱 의미심장하고 절실하게 느껴졌을 것이다.

"평안을 너희에게 끼치노니 곧 나의 평안을 너희에게 주노라 내가 너희에게 주는 것은 세상이 주는 것과 같지 아니하니라 너희는 마음에 근심하지도 말고 두려워하지도 말라"(요 14:27).

에드워즈는 본문을 풀어 설명하고 나서 이 당시 그리스도와 제자들 사이의 친밀한 관계를 지적한다. 그리스도는 이제 충격적이고 극단적이기까지 한 방식으로 제자들 곁을 떠나려 하고 있었다. 그래서 그리스도는 제자들과 "가장 다정하고 감동적인 대화"를 나누었다. 그러나 이 대화는 열두 제자들만을 위한 것이 아니었다. 이 설교의 교리 부분에 잘 드러나 있듯이 그리스도는 죽음을 당하시면서 "모든 참된 성도들에게 유산으로" 평안을 남겨 주셨다. 평안은 우리의 유업이다. 자신의 대속자가 살아 계시다는 욥의 고백처럼 이 유산과 유업이야말로 "큰 소란이 일어나는 때에도" 견고히 설 기초다. 그러나 이것은 미래에 찾아올 평안이 아니다. 지금 이 순간의 평안, 이 땅에서 사는 동안 찾아오는 평안이다. 다음 세상을 기다리는 동안 누리는 평안이다.

에드워즈는 인간 본성을 예리하게 관찰한 사람이었다. 설교의 적용 부분에서 그는 이렇게 말한다. "행복과 안식은 모든 사람이 추구하는 것입니다." 행복과 안식은 가치 있는 목표다. 그러나 사람들은 이 둘을 엉뚱한 곳에서 찾는 경향이 있다. 우리는 이 세상의 "헛된 것들" 속에서 행복이나 안식을 찾기를 기대해선 안 된다. 그런 사람들에게 에드워즈는 이렇게 권유한다.

"이제 여러분을 더 나은 유업으로 초대합니다. 죄악에 물든 비참한 인간들을 위해 더 나은 것이 마련되어 있습니다."

그리고 계속해서 말한다.

"보다 확실하고 견고한 평안이 있습니다. 안전한 상태에서, 확실한 기초 위에서 누릴 수 있는 위안이 있습니다. 이성적으로, 눈을 크게 뜨고 누릴 수 있는 평안과 안식이 있습니다."

그리고 나서 에드워즈는 욥에 관한 설교와 비슷하게 이렇게 결론짓는다.

"이와 같은 상태에서 여러분은 모든 변화를 초월하고 큰 소란과 외적인 재난이 일어나는 때에도 모든 비바람을 이겨내고 홍수에도 휩쓸리지 않는 견고한 평안과 안식의 기초를 갖게 될 것입니다…… 그리고 여러분은 평안한 상태에 있게 될 것입니다."

이 인용문의 마지막 문장은 거의 에드워즈의 자전적인 고백이나 다름없다. 에드워즈는 불과 얼마 전에 하늘이 무너지는 것 같은 큰 시련을 겪었다. 온 회중이 모여 결국 그를 면직하는 과정에서 있었을 온갖 시끄러운 일들을 짐작해 보라. 에드워즈는 어려운 때를 겪었고 그 충격에서 아직 완전히 벗어나지 못했지만 그리스도의 평안으로 힘을 얻었다. 그것만이 다가 아니다. 우리는 그리스도의 평안만을 소유한 것이 아니라 그리스도 자신을 소유하고 있다. 그리스도는 우리에게 그분의 평안을 주시고 또 그분 자신을 주신다. 그것은 어떤 역경도 견디는 평안이다.

에드워즈는 이 "그리스도가 베푸시는 영적인 위로"가 곧 "현재를 위한 최고의 감미로움"이라는 말로 설교를 끝맺는다. 그러나 그러한 위로는 장차 나타날 더 좋은 것의 그림자일 뿐이다.

이 위로는 여러분의 영혼에 마치 날이 환하게 밝을 때까지 점점 밝아지는 여명과도 같을 것이다. 가장 충만한 위로는 여러분이 안식의 땅, 영원한 기쁨이 있는 곳, 천국에 들어갈 때 경험하게 될 것이다. 그곳에서 여러분이 누릴 평안과 행복은 고난이나 고통이 조금도 섞여 있지 않고 중단되거나 끝나는 일도 없이 완벽할 것이다.

에드워즈의 천국에 대한 비전과 이 땅에서의 삶에 대한 비전은 다음 두 가지 역동적인 힘을 드러낸다. 그 첫째는, 그리스도가 주시는 평안과 안식처럼 우리가 지금 이미 맛보고 있는 하늘의 축복이 이 세상에서도 차고 넘칠 만큼 충분하다는 것이다. 한편 두 번째 힘이 보여주는 것은 이러한 미리 맛보기가 우리 속에 천국의 성취와 완성을 사모하는 마음을 창조한다는 것이다. 이 두 가지 사실 모두 우리가 이 땅에 살면서 천국을 기다리는 동안 우리에게 위로가 된다. 우리는 지금 "최고의 감미로움"을 누리고 있다. 그렇다면 우리가 저 천국에서 이보다 더 많은 것을 누리게 된다는 사실은 어떤 말로 표현할 수 있을까?

지친 순례자

에드워즈가 이 설교를 전했을 당시 처해 있었던 상황을 감안하면 그가 현재 누리는 "최고의 감미로움"에 대해 말하려고 했다는 사실이 선뜻 이해되지 않는다. 우리 같으면 대개 자신에게 큰 고통을 안겨준 사람들에 대하여 그와 같은 말을 하는 것은 고사하고 그와 같은 생각조차 들지 않았을 것이다. 이 사실은 에드워즈가 장래의 소망을 현재적 실재처럼 받아들이지 않았다면 설명할 길이 없다. 에드워즈는 천국과 내세를 실재적으로 경험하며 지금 이 순간 이 세상을 살아나가는 법을 터득했다.

에드워즈와 비슷한 청교도 출신의 여류시인 앤 브래드스트리트 Anne Bradstreet는 에드워즈보다 한 세기 전에 순례자가 삶 속에서 겪는 시련을 우아하게 표현했다. 그녀는 삶의 시련을 누구보다도 많이 겪었다. 살던 집이 자기가 소중히 여기는 시들과 함께 불타 없어지는 모습을 목격했고, 아들과 며느리와 여러 손자, 손녀를 자기 손으로 묻어야 했다. 십대 시절에는 천연두를 앓기도 했다. 그러나 그녀는 삶을 마감할 순간이 다가오자 "이제 안식하게 될 지친 순례자처럼 As Weary Pilgrim, Now at Rest"이라는 기억할 만한 명시 한 편을 썼다. 이 시를 통해 그녀는 살면서 겪었던 육신과 영혼에 걸친 온갖 시련을 담담히 들려주면서 어렵고 힘든 삶을 살아본 사람만이 알 수 있는 연약한 인간의 모습을 표현한다. 그러나 이 시는 결코 애가(哀歌)가 아닌 소망의 빛을 비춰주는 시다. 그녀의 시어를 빌자면, 다가올 "안식"과 "기쁨"을 향한 소망의 찬가다. 그래서 그녀는 새롭고 "영광스런 몸"이 부활할 부활의 아침을 바라보며 시를 끝맺는다. 그녀는 이렇게 외친다. "거기서 영원한 기쁨을 보겠네!" 그리고 이렇게 간구한다. "주여, 내가 그 날을 준비하게 하소서." 천국에 대한 그녀의 비전은 그녀에게 삶의 시련을 견딜 수 있는 힘을 주었다. 그녀는 기다리는 법을 터득한 것이다.[25]

여러 세기에 걸쳐 많은 그리스도인들이 어려운 기다림의 시간을 보냈다. 기다림의 시간은 욥의 경우와 마찬가지로 많은 이들에게 고통의 시간이었을 것이다. 많은 이들에게는 앤 브래드스트리트와 마찬가지로 기다림의 시간이 시련과 어려움으로 가득 찰 수도 있다. 1550년대에 영국에서는 역사상 "피에 굶주린 메리"로 일컬어지는 스코틀랜드 여왕 메리의 통치 아래 수많은 경건한 그리스도인들이 런던 탑에 투옥되어 어떤 이들은 고문을 당했고 어떤 이들은 참수형이나 화형을 당했다. 그들은 말할 수 없이 엄혹한 시련의 때를 겪었다.

디트리히 본회퍼는 2차 대전 중에 나치에 붙잡혀 생애의 마지막 3년을 감옥에서 보냈다. 본회퍼는 플로센뷔르크 집단 수용소에서 연합군이 진주하기 며칠 전인 1945년 4월 9일에 히틀러의 직접 지시로 교수형에 처해졌다. 본회퍼의 부모는 1944년 12월 이래로 아들 소식을 전혀 접하지 못하였다. 전후의 극심한 혼란으로 아들의 행방이 묘연해졌기 때문이었다. 그래서 본회퍼의 부모는 45년 7월 말에 가서야 런던에서 열린 본회퍼의 추도 예배를 BBC 방송을 통해 우연히 듣고 아들이 순교한 사실을 알게 되었다.

우리 시대에도 믿음을 위해 큰 고난을 받는 사람들이 있다. 북한의 그리스도인들은 조국에서 일반 시민 대접조차 받지 못한다.[26] 이들은 어떤 학교를 다니든(이들은 원칙적으로 대학에 진학할 수 없다), 어떤 직업을 택하든, 어느 곳에 살면서 가족을 부양하든 항상 국가의 통제를 받는다. 이들은 다른 국민들이 당연히 누리는 권리를 거의 누리지 못한다. 또 가족과 직장 동료에게서 배척을 당한다. 서양의 하나님에게 마음이 팔린 반역자, 변절자 취급을 받는다.

바울은 디모데에게 자신의 감옥 생활과 임박한 죽음을 근거로 분명하게 다음과 같이 말한다.

"무릇 그리스도 예수 안에서 경건하게 살고자 하는 자는 박해를 받으리라"(딤후 3:12).

많은 사람들이 이 땅에서 기다리는 동안 박해를 받는다.

박해와는 다른 방식으로 고통을 겪는 이들도 있다. 말썽 피우는 자식 때문에 심적 고통을 겪거나 경제적 환경 변화 속에서 실직의 공포에 시달리거나 온몸에 암이 퍼져 생명이 꺼져가는 등의 온갖 고통은 다 하나님이 우리에게 참고 기다릴 것을 요구하실 수도 있는 견디기 힘든 상황이다. 그런데 욥은 그 모든 어려운 환경 속에서도 우리의 대속자가 살아 계시고 그 분은 부족함 없으신 구주이시며 부족함 없으신 위로자라는 사실을 우리에게 일깨워 준다. 3천 년이나 이어져 내려온 욥의 말은 지금도 견고한 힘이 있다. 우리는 (심지어 우리 중에 가장 탁월한 이들조차도) 때때로 자신이 안식에 이르기를 사모하는 "지친 순례자"에 불과하다는 사실을 인정할 필요가 있다.

결론

극한적인 고난의 상황에 처해 있지 않더라도 기다리는 일은 결코 쉬운 일이 아니다. 우리는 점점 우리 자신과 다른 사람들에게 참을성을 잃어가고 있다. 우리는 영적인 성숙에는 시간이 걸린다는 사실을 알고 있지만 그 사실을 늘 인정하지는 않는다. 우리의 자연적 성향은 기다림을 참지 못하며 우리 대다수는 기다리는 일에 익숙하지 않다. 그래서 기다리는 동안 안절부절 못하거나 시간을 낭비하기가 쉽다. 이 문제에 대해서도 에드워즈는 우리에게 교훈을 준다.

에드워즈는 "세월을 아끼라"라는 바울의 권면(엡 5:16)에 대한 설교를 하면서 이렇게 역설한다.

"얼마나 많은 사람들이 시간의 소중함을 하찮게 생각하며 시간의 소중함을 거의 인식하지 못하고 있습니까! 많은 이들이 시간을 선한 목적에 거의 사용하지 않고 있습니다. 시간만큼 소중하면서도 사람들이 헛되이 낭비하는 것도 없습니다."

에드워즈는 시간이야말로 낭비하기엔 너무 소중한 것이라고 말한다. 다음 장에서 우리는 이 땅에서 우리를 구원하실 주님을 기다리는 동안에도 시간을 선용할 수 있는 몇 가지 길을 살펴볼 것이다.

우리는 그리스도를 기다리는 지금 이 순간에도 그리스도를 소유하고 있다는 사실을 염두에 둘 필요가 있다. 우리는 대속자를 기다리는 동안에도 그 대속자를 지금 이 순간 소유하고 있다. 그렇기 때문에 우리는 지금 이 순간 평안을 누릴 수 있다. 이 땅에서 기다리는 동안 우리는 다음과 같은 그리스도의 말씀을 경청할 필요가 있다.

"평안을 너희에게 끼치노니 곧 나의 평안을 너희에게 주노라."

이 땅에서 천국을 시작하라

옛날 만화를 보면 마귀는 항상 쇠스랑을 들고 있고 천사는 항상 하프를 타면서 등장한다. 사실 그런 상상은 우리를 기다리고 있는 저 세상의 모습을 제대로 묘사한 것이 아니다. 그러나 어쩐 일인지 우리는 내세를 생각할 때 그런 이미지들로 머릿속에 가득 채우기가 쉽다. 천국은 어떤 모습일까? 어떤 이들은 구름 위에 앉아 포도송이를 따 먹으며 매일같이 천사들의 하프 연주를 듣는 모습을 상상한다.

어떤 이들은 천국에 관해 그와는 약간 다르게 생각한다. 그들은 천국을 6박 7일보다 훨씬 더 긴 호화로운 휴가 정도로 생각한다. 그리고 황금 길에 대한 요한의 묘사와 "많은 대저택(many mansions:

「요한복음」 14장 2절의 흠정역 성경 번역어)"을 예비하겠다는 예수님의 말씀에 기대를 건다. 이러한 견해는 세속적이고 일시적인 물질주의의 유혹을 천국의 영원한 물질주의에 대한 기다림으로 극복하려는 것이다. 지금은 불신자들이 대저택을 갖고 있지만 언젠가 최후의 심판 날이 되면 우리는 하늘의 대저택에 있는 발코니에서 천국의 장관을 내려다보며 그들의 코를 납작하게 만들 수 있다는 견해이다.[27]

에드워즈도 「요한복음」 14장 2절의 "많은 대저택"에 대한 설교를 한 적이 있었다. 그러나 이 설교의 초점은, 우리의 집인 대저택에 있지 않고 천국에서 우리가 새로운 공동체 속에서 하나님과 함께 있을 것이라는 사실에 있었다. 그는 교인들에게 이렇게 말한다. "천국은 하나님의 집입니다." 그래서 우리는 하나님의 집에 거하면서 하나님의 상에서 먹고 마시기를 사모해야 한다. 에드워즈는 또한 하나님의 집은 큰 집이라고 말하며 이렇게 덧붙인다.

"천국에는 헤아릴 수 없이 많은 사람들을 수용할 수 있는 공간, 현재 존재하거나 앞으로 존재할 모든 인간을 수용하기에 충분한 공간이 있습니다."

에드워즈는 천국에 대해 물질주의적으로 생각하지 말라는 따끔한 충고의 말로 설교를 끝맺는다.

"하나님의 집에서 그 집의 외적인 장식이나 집 안의 높은 자리가 아니라 그리스도의 말씀과 하나님의 규례를 귀하게 여기십시오."

천국의 영광은 하나님 자신이다. 에드워즈는 천국의 물질적인 모습을 필요 이상으로 묘사하는 데 헛되이 상상력을 동원하는 것을 피했다.[28]

우리는 천국의 물질적 측면에 대해 상상하기를 좋아할 뿐만 아니라 우리가 영원토록 어떤 일을 할지에 대해서도 상상하기를 좋아한다. 물론 영원에 대해 생각하려면 우선 우리의 상상력부터 무한대로 확장시켜야 한다. 그것은 마치 아무리 읽어도 끝나지 않는 책 한 권을 읽는 일과도 같다. 우리가 매일 해변에서 모래 한 알을 가져와 그 해변의 모래가 다 없어질 때 영원은 이제 겨우 시작된 것일 뿐이다. 영원의 개념을 설명하는 것은 고사하고 영원이 무엇인지 어렴풋이나마 이해하는 일은 우리의 이해력을 벗어난다.

천국과 영원에 대한 이 모든 상상의 안개 속에서 한 발짝만이라도 확실한 발걸음을 내디딜 수 있다면 그것만으로도 상당한 도움이 될 것이다. 우리가 지금까지 살펴본 것처럼 조나단 에드워즈는 우리의 길 찾기를 도와주는 좋은 안내자다. 에드워즈는 천국이 어떤 모습일지를 그림으로 보여주는 정도에서 멈추지 않는다. 그는 그 그림을 가지고 우리에게 지금 이 순간 어떻게 살아야 할지를 말해 준다. 이 세상에서의 삶은 다음 세상에서의 삶의 작은 서곡이거나 서곡이 되어야 한다. 한 교향곡의 서곡에는 앞으로 연주될 교향곡을 미리 맛보여 주기 위해 뒤따라 나올 교향곡의 모든 주제와 악상이 포함되어 있다. 서곡은 교향곡 그 자체는 아니지만 교향곡의 축소판이다.

앞 장에서 우리는 기다림에 대해 살펴보았다. 이 장은 앞 장의 논의의 후반부에 해당한다. 이 장에서 우리가 살펴볼 내용은 '우리가 천국에서 어떤 일을 하게 될 것인가?'라는 질문에 대한 에드워즈의 답변에서 그치지 않는다. 그의 답변이 이 땅에서의 삶과 어떤 관련이 있는지도 아울러 살펴볼 것이다. 에드워즈는 우리가 천국에서 할 일을 지금 이 땅에서 연습해야 한다고 말한다. 천국에서 우리는 하나님을 섬기고 찬양하며 영화롭게 하는 웅장한 교향악의 일부가 될 것이다. 이 땅에서의 삶 전체는 그 교향악을 준비하는 과정이다.

처음과 마지막

에드워즈는 성경 기자들과 마찬가지로 천국을 일과 휴식을 병행하는 곳으로 묘사한다. 우리는 일이 무엇인지도 알고 휴식이 무엇인지도 안다. 일과 휴식은 같은 것이 아니다. 그래서 우선 우리의 천국 생활과 관계된 이 역설부터 이해할 필요가 있다. 문제는 우리가 일에 관해 생각할 때, 인간이 타락한 이후의 세상이라는 맥락에서 생각한다는 점이다. 아담과 하와는 타락 이전부터 에덴동산에서 경작과 노동을 했다. 타락 이후에도 그들은 계속에서 땅을 갈고 일을 했다. 그러나 타락 이후부터는 이마에서 땀이 흐를 정도로 일을 해야 했고 가시와 엉겅퀴와 싸워가며 일하게 되었다.

타락 이전의 아담과 하와는 우리가 천국을 상상할 때 천국 생활의 좋은 모델이 된다. 사실, 요한은 새 하늘과 새 땅에 대한 계시 속에서 우리에게 그와 같이 상상하도록 유도한다. 천국에 대한 요한의 계시는 「창세기」 1-3장과 「요한계시록」 22장 1-5절의 유사 관계라는 형태로 나타난다.

첫째, "생명수의 강"이 있다(참조, 계 22:1; 창 2:10). 다음으로 "생명나무"도 있다(참조, 계 22:2; 창 2:9). 이 나무는 열매를 맺는다(참조, 계 22:2; 창 2:9, 16). 어떤 면에서 우리는 다시 원점으로 돌아가게 되는 셈이다.

그러나 「창세기」의 첫 부분과 「계시록」의 마지막 부분은 완벽하게 일치하지는 않는다. 크게 두 가지 중요한 차이점이 있다. 첫째, 하나님은 원래 창조하신 천지만물을 비추시기 위해 "두 큰 광명체"인 해와 달, 그리고 수많은 별들을 창조하셨다(창 1:14-19). 그러나 새 하늘과 새 땅에서는 이러한 광명체가 불필요하다. 거기서는 하나님의 영광이, 모두가 볼 수 있도록 하늘을 비춘다(계 22:5).

두 번째 차이점은 특히 두드러진 차이점이다. 옛 천지만물의 화려함과 아름다움과 조화는 아담과 하와가 하나님께 불순종할 때 무너져 내리고 말았다(창 3:14-19). 아담과 하와는 그들과 하나님과의 관계 및 그들 서로 간의 관계, 하늘과 나무, 땅과 바다의 동물들, 심지어 기름진 흙에 이르기까지 하나님이 창조하신 모든 것에 저주를 가져왔다. 생명의 동산에서 고통과 수고, 부패와 죽음이 세상의 새로운 질서가 되었다.

그러면 새 하늘과 새 땅은 어떠한가? 요한은 「요한계시록」 22장 1-5절에서 이 영원한 집을 묘사하는 와중에 이렇게 말한다. "다시 저주가 없으며." 아담이 행한 잘못을 그리스도께서 바로잡으신 것이다. 아담은 우리 인간과 천지만물에 저주를 가져왔다. 그러나 그리스도는 그 저주를 자신이 짊어지시고 우리와 신음하는 천지 만물로부터 그 저주를 제거하셨다. 우리는 에덴동산보다 훨씬 더 나은 동산으로 돌아가게 되었다. 새로운 동산이 에덴동산보다 더 나은 이유는 우리가 화려한 동산에서 영원토록 물질적으로 풍요롭게 살 수 있기 때문이 아니다. 우리가 그곳에서 하나님 및 어린 양과 깨어지지 않는 완벽한 교제를 나눌 것이기 때문이다. 우리는 하나님을 찬양하며 하나님을 섬기며 하나님과 함께 다스리게 될 것이다. 우리는 죄의 짐에서, 죄의 저주를 받고 엉겅퀴로 뒤덮인 땅에서 놓여 안식하게 될 것이다. 그리고 우리는 하나님을 찬양하고 섬기는 일, 하나님의 아름다움과 영광을 맛보는 일을 자유롭게 할 것이다. 에드워즈가 말하는 이 일은 "영원을 가득 채우기에" 충분할 만큼 무궁무진하다.

우리는 에드워즈가 말하듯이 "지치지 않고 힘들지 않은" 일을 하게 될 것이다. 에드워즈는 이렇게 말한다.

“천국은 수고하고 땀 흘리는 곳이 아니라 「히브리서」 4장 9절과 같이 안식하는 곳입니다……그러나 천국의 안식은 게으름이나 모든 활동을 멈추는 것이 아니라 단지 ‘활동에 따르는 모든 고통과 수고와 지루함이 없는 것’ 입니다.”

천국에서의 일은 “불쾌함 …… 근심, 걱정”이 전혀 없는 일이다. 지금은 우리가 도중에 겪는 모든 어려움들이 우리에게 깊은 피로감을 준다. 그러나 좋은 소식이 있다. 천국에서는 아무리 일해도 피곤하지 않다. 역설적이게도 일이 곧 “원기회복”이 된다. 우리가 “영원토록 하나님의 영광을 보고 영원토록 하나님의 사랑을 기뻐할” 때 일은 우리에게 가장 큰 상급이 된다. 이 일은 우리의 영원한 행복이다.[29]

행복의 비결

에드워즈는 「요한계시록」 22장 3절에서 이와 같은 생각의 깊은 영감을 얻었고, 그래서 1731년 3월 14일 노샘프턴에서 20대 후반의 젊은 나이에 이 주제에 관한 설교를 전했다.[30] 이 설교에서 에드워즈는 다음과 같은 교리를 심도 있게 설명한다.

“천국에서 성도들의 행복은 주로 그들이 천국에서 하나님을 섬기는 데 있습니다.”

늘 즐거움과 행복, 기쁨과 희락에 대해 말하길 좋아했던 에드워즈는 '행복이란 무엇인가'라는 오래된 질문에 대해 깊이 생각해 왔다. 그는 이 질문에 다음과 같은 다소 철학적인 답변을 제시한다.

"피조물은 그 본성의 고유한 완전함에 가장 부합하는 상태에 있을 때 가장 행복한 상태에 있다."

그것이 그의 행복에 대한 정의였다. 이제 우리는 그가 우리에게 말하려고 했던 것이 무엇인지를 이해할 필요가 있다.

이 일은 그리 복잡하지 않다. 단지 그의 말을 찬찬히 조심스럽게 뜯어보기만 하면 된다. 아마 이런 예를 생각해 보면 될 것이다. 달리기 선수가 가장 행복할 때는 언제인가? 바이올린 연주자가 가장 행복해 할 때는 언제인가? 선생님은? 노련한 목수는? 어머니는? 아버지는? 달리기를 할 때, 바이올린을 연주할 때, 가르칠 때, 흠잡을 데 없는 가구 한 점을 만들 때, 어머니가 될 때, 아버지가 될 때다. 다시 말해 우리는 우리 자신의 존재, 우리 자신의 본성에 충실하게 하고 싶은 일, 해야 할 일을 하고 있을 때 가장 행복하다. 우리가 아무개는 물 밖으로 나온 물고기 같다거나 자기 뜻대로 할 수 있는 형편이 아니라고 말할 때, 그 말은 그 사람이 지금 자신이 잘하는 일이나 자신이 해야 할 일을 못 하고 있다는 뜻이다. 우리는 그런 사람은 결국 좌절과 불만을 경험하게 될 것이라고 말한다. 물고기는 물속에서 헤엄칠 때 가장 행복하다.

우리는 하나님을 위해 지음 받았다. 하나님과 교제를 나누기 위해 지음 받았다. 하나님의 선하신 손에서 좋은 것들을 받아 누리기 위해 지음 받았다. 하나님을 찬양하고 하나님의 영광을 충만히 맛보기 위해 지음 받았다. 에드워즈는 이렇게 말한다.

"피조물은 그 지음 받은 목적에 따라 존재할 때 가장 행복합니다."

우리는 하나님을 '위해 지음 받았다. 아우구스티누스는 오래 전에 『참회록 *Confessions*』의 첫 줄에서 이렇게 말했다.

"하나님은 당신 자신을 위해 우리를 지으셨습니다. 그래서 우리는 하나님 안에서 안식을 찾을 때까지는 쉼을 누리지 못합니다."

우리는 만족하지 못하고 괴로워하며 갈등한다. 우리는 물 밖에 나온 물고기와 같다. 참된 충족감과 삶의 의미와 행복을 대체할 무엇인가를 찾아 이곳저곳을 헤맨다. 구약 성경 기자들은 바로 이것을 우상이라고 불렀다. 우상은 참된 실재의 값싼 대체물이다. 구약 성경 기자들과 아우구스티누스와 에드워즈는 모두 자기 계발 관련 서적들이 출판 시장에 범람하기 오래 전에 이미 행복의 비결을 터득하였다. 우리는 하나님이 우리를 창조하시고 존재하게 하신 목적대로 행동하고 존재할 때 가장 행복하다.

하나님이 뜻하신 바대로

에드워즈는 설교를 진행해 나가면서 우리의 존재와 행위가 원래 하나님이 우리에게 뜻하신 바대로 변화될 수 있으려면 어떤 모습이 되어야 하는가를 제시한다. 요컨대 우리는 하나님을 찬양하고 섬기기 위해 지음 받았다. 이 사실을 들을 때 우리의 반응은 하나님을 찬미하고 송축하는 것이다. 그러나 거기에서 그치면 안 된다. 에드워즈가 보기에 하나님을 찬양하고 기뻐하는 길은 섬김을 내포한다. 우리는 하나님을 섬기기 위해 지음 받았다. 이제 찬양하는 일은 부차적인 것으로 밀려난다. 우리는 섬기기를 좋아하지 않는다. 섬기기보다는 섬김 받기를 훨씬 더 좋아한다. 그러나 에드워즈가 이 문제를 어떻게 다루는지를 보자.

에드워즈가 말하고 있는 내용을 요약하면 이렇다.

• 우리는 하나님을 기뻐하도록 창조되었다. 우리는 하나님을 섬김으로써 하나님을 기뻐한다.

• 우리는 행복을 위해 창조되었다. 우리는 하나님을 섬기는 가운데 행복을 발견한다.

다시 한 번 에드워즈의 이와 같은 통찰을 잠시 곰곰이 되짚어 보자. 우리는 섬기는 일이 우리를 기쁘게 한다고 생각하는 경우가 별로 없다. 오히려 우리는 남에게서 섬김을 받을 때 행복하다고 생각한다. 하지만 에드워즈는 섬김이 곧 행복이 되는 이와 같은 역설이 성립되는 세 가지 이유를 제시한다. 첫째, 우리는 아무 일도 안 하기 위해서가 아니라 활동하기 위해 창조되었다. 운동선수들은 벤치에 앉아 있는 것을 좋아하지 않는다. 그들은 경기에 투입되는 것을 좋아한다. 둘째로, 우리는 어떤 특정한 종류의 활동을 위해 창조되었다. 미식축구에서 러닝백(running back: 쿼터백에게서 볼을 전달받아 상대 진영으로 전진하는 역할을 하는 선수)을 수비선 뒤에 배치하는 코치는 없다. 셋째로, 우리는 구체적으로 하나님을 섬기는 일을 위해 창조되었다. 에드워즈는 이렇게 말한다. "인간은 하나님을 섬길 때 자신의 본성에 가장 부합되게 행동하는 것입니다." 그것은 "가장 탁월한 행동", 참된 행복을 주는 행동이다. 코치가 러닝백의 능력을 십분 활용하는 플레이를 주문할 때 러닝백의 얼굴에는 미소가 가득 번지게 되는 법이다.

물질적으로 풍요로운 서구 사회에서 가장 많은 만족을 느끼는 사람들은 최고의 지위에 오른 사람들이 아니다. 사회적으로 인정받지 못하고 보이지 않는 곳에서 묵묵히 일하는 사람들이 때로는 가장 행복하다. 에드워즈의 설교 속에 담긴 역설은 사실이다. 섬기는 가운데 행복이 있고 하나님을 섬기는 가운데 최고의 행복이 있다.

에드워즈는 설교를 진행해 가면서 이러한 역설을 좀 더 구체적으로 드러낸다. 우리는 이러한 섬김의 활동을 위해 지음 받았다. 왜냐하면 섬김은 우리가 하나님이 행하신 모든 일에 대해 감사를 표현하는 한 가지 방식이기 때문이다. 하나님은 우리를 창조하신 것만으로도 우리에게 큰 은혜를 베푸신 것이다. 그런데 하나님은 우리를 구속하기까지 하셨다. 이것은 우리가 충분히 이해할 수 있는 범위를 넘어서는 놀라운 은혜다. 에드워즈는 이 사실을 다음과 같이 표현한다.

"성도들은 자신이 하나님께 바칠 수 있는 모든 섬김이 위대한 구속에 비하면 보잘 것 없는 보답에 불과하다는 사실을 알게 될 것입니다."

에드워즈는 이 역설을 다음과 같이 완결 짓는다.

"우리의 섬김은 실제로는 우리가 하나님을 영화롭게 할 수 있는 기회입니다. 하나님을 영화롭게 할 때 우리는 하나님이 원하셨던 존재가 되고 하나님이 우리에게 기대하신 행동을 하는 것입니다."

에드워즈만이 지어낼 수 있는 단어로 표현하자면, 그럴 때 우리는 비로소 "행복해진다(happified)."

지금 이 순간 해야 할 일

에드워즈는 설교 "천국에서 하나님 섬기기 Serving God in Heaven"의 끝부분에서 교리를 적용한다. 설교의 첫 번째 요점은 기본적인 것이다. 우리는 하나님을 섬기기 위해 지음 받았다는 사실 즉, 하나님을 찬양하기 위해 지음 받았다는 사실을 이해할 때 비로소 우리가 천국에서 하게 될 일을 이해할 수 있다. 에드워즈는 천국에 대한 물질적 묘사에 치중하는 것을 피하고 대신 우리가 하게 될 일을 묘사하는데 초점을 맞춘다. 우리가 할 주된 일은 하나님을 찬양하는 일이 될 것이다. 에드워즈는 우리가 영원토록 이 일을 하게 될 것이라고 말한다. 그러나 그것이 다는 아니다. 에드워즈는 이 사실이 이 땅에서의 삶에 대해 어떤 의미를 갖는지를 아울러 탐구한다. 우리는 영원 속에서 그 일을 시작하는 것이 아니다. 지금 이곳에서부터 그 일을 시작한다. 우리는 하나님을 찬양하며 영원한 시간을 보낼 것이다. 그 일을 지금부터 연습해야 한다.

에드워즈는 천국에 "소망"을 둔 이들은 지금부터 그 일을 시작해야 한다고 말한다. 우리는 게을러선 안 된다. 섬기는 일에 나태하거나 활기가 없어선 안 된다. 에드워즈 목사는 이를 다음과 같이 표현한다.

"(천국의 성도들이) 하나님을 끊임없이 섬긴다는 사실을 생각만 해도, 여러분이 지금 하나님을 둔하고 나태하게 섬기고 하나님께 맥 빠진 예배를 드리며 냉담한 태도로 기도하거나 성례에 참여하고 설교를 들으며 꾸벅꾸벅 졸고 더 이상 죄를 경계하지도 않고 부지런히 선을 행하지도 않는 여러분의 모습을 부끄럽게 여기기에 충분하지 않습니까?"

또한 에드워즈는 하나님을 섬기는 일을 속박으로 생각하며 그리스도인다운 삶을 사는 것을 고역으로 여기는 우리를 질책한다. 성도들은 하나님을 섬기고 찬양하는 가운데서도 "가장 탁월하고 소망할 만한 자유를 누린다." 문제는 우리가 마치 악인들처럼 "행복에 대한 바른 생각을 갖고 있지 않다"는 점이다. 우리의 행복은 하나님을 찬양하고 섬기는 데서 와야 한다. 그 밖의 모든 것은 참된 행복에 미치지 못한다.

에드워즈는 이 책의 핵심과도 일맥상통하는 내용으로 이 설교를 끝맺는다. 그는 이렇게 말한다.

"천국은 하나님의 무한한 지혜로 우리의 행복을 위해 계획된 상태입니다."

그 다음으로 마지막 문장이 이어진다.

"틀림없이 천국의 행복을 이루는 요소는 여기 이 세상에서도 즐겁고 유쾌한 것입니다. 열심히 하나님을 섬기는 삶은 즐거운 삶입니다."

이것이 이 땅에서의 삶에 대한 에드워즈의 호소력 있는 비전이다. 천국은 곧 행복이지만 미래의 행복만은 아니다. 지금부터 누리는 행복이다.

그러면 어떻게 할 것인가?

지금까지 우리는 에드워즈가 1731년에 「요한계시록」 22장 3절을 본문으로 전한 "천국에서 하나님 섬기기"라는 설교를 살펴보았다. 그로부터 몇 년 후인 1734년에 에드워즈는 「요한계시록」 14장 2절을 본문으로 그와 비슷한 설교를 한 편 더 전했다. 이 훗날의 설교에서 에드워즈는 이 세상에서 기쁨과 즐거움과 행복을 경험할 수 있는 좋은 방법을 제시한다. 에드워즈는 1731년에 강조했던 것과 동일한, 하나님에 대한 사랑과 구속 사역에 대한 감사와 같은 동기 유발 요인을 강조하면서 거기에 겸손이라는 한 가지 요인을 더 추가한다.

우리가 하나님을 올바르게 찬양하기 위해서는 (이는 우리가 하나님을 섬기는 방식이자 그 결과로 성취감을 맛보는 방식이기도 하다) 하나님의 영광을 인식해야 한다. 그리고 하나님의 영광을 인식하기 위해서는 겸손해져야 한다. 사실 이러한 인식은 아름다운 상승 작용을 일으킨다. 겸손은 우리로 하여금 하나님의 영광을 볼 수 있게 하며 하나님의 영광을 보면 더 깊은 겸손의 차원에 이르게 된다. 또 그럼으로써 우리는 하나님의 영광을 더 충만하고 깊이 있게 볼 수 있게 된다. 에드워즈는 이렇게 말한다.

"우리로 하여금 진심으로 '여호와여 영광을 우리에게 돌리지 마옵소서 우리에게 돌리지 마옵소서 …… 주의 이름에만 영광을 돌리소서'(시 115:1)라고 말할 수 있게 하는 것은 오직 겸손입니다."

그리고 그는 계속해서 이렇게 말한다.

"겸손한 사람은 자신을 향한 하나님의 선하심과 은혜를 찬미합니다. 그는 하나님이 아무 보잘것없는 자기 같은 사람에게 그토록 주목하시고 그토록 자비를 베풀어 주시는 것이 얼마나 놀라운 일인지를 더욱 잘 깨닫습니다."[31]

우리는 대체로 우리 자신을 특별한 사람이 못되거나 특별한 사

람으로 대접받을 가치가 없는 사람으로 생각하기를 좋아하지 않는
다. 사실, 우리는 종종 자신이 지금보다 훨씬 더 좋은 대접을 받을
만한 가치가 있다고 생각한다. 참된 겸손은 하나님의 위대하심과
위엄을 깨닫고 하나님에 비추어 우리 자신을 올바르게 평가하는
것이다. 겸손은 우리 자신을 기준점으로 여기는 인간 중심적인 관
점을 버리고 점차로 하나님을 기준점으로 여기는 하나님 중심적인
관점과 세계관을 갖는 것이다. 에드워즈는 이 설교에서 "겸손의
은혜"를 언급한다. 겸손은 자연히 찾아오는 것이 아니다. 겸손은
은혜를 통해 찾아오며 일종의 은혜 ─ 천국에 속한 것이 이 세상으
로 침투하는 초자연적 현상 ─ 이다.

교만은 우리로 하여금 하나님을 섬기며 찬양하지 못하게 한다.
교만은 우리로 하여금 우리가 성취한 모든 것과 심지어 우리가 경
험한 모든 것에 대해서 하나님께 찬양과 영광을 돌리지 못하게 한
다. 교만은 우리로 하여금 하나님이 우리를 위해 행하신 모든 일에
대해 깊은 감사의 마음을 표현하지 못하게 한다. 교만은 심지어 하
나님을 향한 우리의 사랑에 걸림돌이 된다. 교만은 또한 우리로 하
여금 다른 이들을 섬기지 못하게 하고 다른 이들이 거둔 성과에 대
해서도 그에 걸맞는 칭찬을 하지 못하게 하며 심지어 다른 이들을
사랑하지도 못하게 한다. 천국에서는 온전한 겸손이 성취될 것이
다. 그러나 지금은 겸손할 때도 있고 그렇지 못할 때도 있다. 겸손
한 태도를 기르는 일은 이 땅에서 하나님을 섬기고 찬양하는 법을

배우는 데 큰 도움이 된다.

더욱더 겸손해지는 것이 이 땅에서 천국의 행복을 누리는 한 가지 방법이라면 혼자가 아니라는 사실을 깨닫는 것도 그 행복을 누리는 또 다른 방법이다. 에드워즈는 교회를 하나의 거대한 “은혜로 연합된 공동체”라고 일컫는다. 이 공동체의 많은 구성원들이 이미 천국에 이르러 그곳에서 완벽한 찬미의 합창과 섬김의 사역에 동참했다. 옛 신학자들은 이들을 가리켜 이 땅의 교회인 “싸우는 교회”와 대비되는 천국의 교회인 “승리한 교회”라고 일컬었다. 에드워즈는 우리 모두가 하나이며 이 땅의 교회인 우리는 천국의 교회와 똑같은 일에 종사해야 한다는 사실을 일깨워 준다. 요한은 「요한계시록」 5장 9-14절에서 이와 같은 찬양의 환상을 보여준다. 에드워즈는 우리가 말 그대로 지금 이 순간 하나님께 대한 영원한 찬양의 대열에 동참하기를 원한다.

에드워즈는 사람들이 가장 행복할 때를 생각해 보면, 찬양할 때가 바로 그런 때라고 말한 적이 있다. 사람들은 함께 찬양할 때 서로 조화를 이룬다. 찬양할 때는 사람들이 기쁜 마음으로 조화를 이룬다. 에드워즈는 찬양을 무척 강조한 나머지 노샘프턴 교인들에게 찬양 훈련을 시키기 위해 보스턴에서 음악 교사까지 고용했다. 또 언젠가는 모호크 족과 모히컨 족으로 구성된 교인들에게 찬양을 더 잘 하는 법을 가르칠 음악 교사를 오지인 스톡브리지까지 초빙하려고 한 적도 있었다.

　사실 우리 모두는 음악적 기교의 측면에서가 아니라 진정한 의미에서 찬양을 더 잘 하는 법을 배울 필요가 있다. 우리는 로버트 로빈슨Robert Robinson의 찬송가 가사에 맞춰 때로는 둔하고 활기 없으며 “방황하기 쉬운” 우리의 마음이 하나님을 찬양하도록 “만복의 근원”이신 하나님께 간구할 필요가 있다. 로빈슨이 지은 찬송가 (우리 찬송가 28장 “복의 근원 강림하사”)의 1절 가사를 음미해 보라.

복의 근원 강림하사
찬송하게 하소서
한량없이 자비하심
측량할 길 없도다
천사들의 찬송가로
나를 가르치소서
구속하신 그 사랑을
항상 찬송합니다

　우리는 은혜로 연합한 한 공동체의 일원으로서 지금 이 순간 천국에서 울려 퍼지는 찬양의 합창에 동참하고 있다. 우리는 그 합창에 우리의 목소리를 보태고 있거나 적어도 그렇게 할 수 있는 특권을 지니고 있다. 에드워즈는 우리에게 그 특권을 누릴 것을 촉구한다. 우리가 찬양의 특권을 누릴 때 우리의 천국 생활은 지금 이곳에서 시작되는 것이다.

에드워즈는 또한, 우리에게 하나님이 천국을 이 땅에서 미리 맛보게 해 주신다는 사실을 상기시킴으로써 우리가 이 땅에서 천국의 행복을 누리도록 돕는다. 우리는 하나님을 섬기고 찬양하는 순간 다가올 기쁨과 위로, 영광과 행복을 경험한다. 천국에서는 이모든 것이 완전해질 것이다. 그러나 우리는 지금도 그 모든 것들을 미리 엿볼 수 있고 맛볼 수 있다. 우리가 상속받을 재산은 천국에 쌓여 있다. 그러나 우리는 이 땅에서도 우리의 계좌를 통해 그 재산의 일부를 인출할 수 있다.

우리가 이 땅에서 천국을 누릴 수 있는 마지막 방법으로 에드워즈는 구속에 관한 다소 흥미로운 주장을 한다. 그는 이렇게 말한다. "구속 사역은 천국의 성도들이 하나님을 찬양하는 주된 주제입니다." 그리고 그는 이렇게 덧붙인다. "그러나 이 사역은 여기이 세상에서 우리들 가운데 이루어졌습니다." 그리스도는 이 땅에성육신하셨다. 그분은 이 세상에서 사시고 죽으시고 부활하셨다. 온 세상은 하나님의 웅장한 구속 사역이 펼쳐지는 무대다. 그래서이 세상도 인간의 찬양이 울려 퍼지는 무대가 되어야 한다. 에드워즈는 이를 다음과 같이 표현한다.

"천국은 이 땅에서 이루어진 일에 대한 찬양으로 충만한데 막상그 일이 이루어진 이 땅에서는 아무런 찬양도 없겠습니까?"

이 땅 위에 서 있는 십자가에서 흘러나오는 "자비의 강물"은 실로 "거대한 찬양의 노랫소리를" 불러일으킨다.

결론

천국에서 하나님에 대한 우리의 사랑과 찬양과 기쁨이 완전해지리라는 것을 아는 지식은 우리 마음속에 천국을 사모하는 마음을 불러일으킨다. 에드워즈의 말을 빌면 그러한 지식을 통해 "우리는 천국을 열망하게" 될 것이다. 또 그러한 지식을 통해 우리는 장차 천국에서 하게 될 일을 이 땅에서 미리 해 보기를 갈망하게 될 것이다. 이 세상은, 다가올 웅장하고 영원한 교향곡을 위한 서곡이다.

우리는 천국에서 우리가 하게 될 일이 무엇인지를 질문하면서 이 장을 시작했다. 그리고 우리가 그곳에서 하나님을 찬양하며 섬기게 될 것이라는 사실에서 그 해답을 발견했다. 또한 우리가 지금 이 순간에도 그 일을 시작할 수 있고 시작해야 한다는 사실도 알았다. 에드워즈는 우리에게 말한다.

"틀림없이 천국의 행복을 이루는 요소는 여기 이 세상에서도 즐겁고 유쾌한 것입니다."

이 말은 틀림없이 옳다.

마지막 날 그곳에서 만납시다!

조나단 에드워즈는 위대한 철학자, 신학자, 목회자일 뿐 아니라 자애로운 남편이자 아버지이기도 했다. 그와 그의 가족은 큰 기쁨의 때도 경험했지만 극심한 시련의 때도 경험했다. 1753년에 애런 버 1세Aaron Burr I의 아내이자 미국의 제 3대 부통령 애런 버 2세Aaron Burr II의 어머니인 에드워즈의 딸 에스더 에드워즈 버Esther Edwards Burr가 심한 병세에 시달릴 때도 에드워즈에게는 시련의 시기였다. 에스더는 애런 버와 결혼해서 뉴저지 뉴어크에서 남편과 함께 살았다. 그녀의 남편은 그곳에서 프린스턴 대학교 총장으로 봉직하면서 목회했다. 그녀가 사는 곳과 그녀의 부모님이 사는 매사추세츠 스톡브리지는 꽤 멀리 떨어져 있었다. 그래서 에드워즈 부부는 딸을 위해 자신들이 해 줄 수 있는 유일한 일을 했다. 그것은 그녀에게 편지를 쓰는 일이었다.

에드워즈가 남긴 글들 중에는 그의 개인적인 면모를 드러내는 글, 그가 친구와 가족에게 보낸 편지글들이 풍부하게 남아 있다. 그런 글들 중에는 에스더에게 보낸 편지와 그녀의 답장도 꽤 많다. 그러한 편지들 속에서 우리는 에드워즈 가족의 끈끈한 가족애를 엿볼 수 있다. 편지 속에는 남편이자 아버지로서 가족을 사랑으로 돌보는 에드워즈의 모습이 보인다. 사실 우리는 에드워즈의 사적인 모습이 그의 공적인 모습을 그대로 닮아 있음을 알 수 있다. 에드워즈는 가족에게 보내는 편지에서도 설교로 전하는 내용과 동일한 생각을 전달한다. 그래서 그가 딸의 건강 문제를 화제로 삼아 그리스도인의 생활과 천국에 관한 이야기를 하는 것은 전혀 이상할 것이 없다.

그는 앞서 살펴본 그의 여러 설교문과 비슷하게 딸에게도 이런 식으로 권면한다. "살아 있는 동안 하나님을 섬기고 최선을 다해 선한 일을 하도록 애쓰기 바란다." 다음으로 그는 딸에게 아무리 부모와 멀리 떨어져 있어도 "하늘 아버지의 임재를 경험하고 하늘의 본향을 향해 나아가는 일은 다른 어떤 일보다도 중요한 일"이라는 사실을 주지시킨다. 그리고 이렇게 덧붙인다. "우리 식구 모두 마지막 날 그곳에서 꼭 만날 수 있도록 애쓰자꾸나." 에드워즈는 자녀들에게도 뉴욕과 노샘프턴과 스톡브리지의 교인들에게 스망하던 것과 똑같은 것을 소망했다. 그 소망은 그들 모두가 장차 있을 재회의 날에 같이 만나는 것, 마지막 날 천국에서 다함께 상봉하는 것이었다. 에드워즈는 또한 그들이 하늘의 본향을 향해 나아갈 때 이와 같은 천국의 비전이 그들 모두에게 자극제가 되기를 소망했다.[32]

몇 년 후 에스더와 에드워즈 가족 전체에게 큰 슬픔이 찾아왔다. 1757년에 병마가 에스더의 사랑하는 반려자이자 남편인 애런 버의 목숨을 앗아간 것이다. 프린스턴 대학 이사회는 버의 장인인 조나단 에드워즈가 버의 후임으로 대학 총장직을 맡아 주기를 기대했다. 그래서 에드워즈는 이 요청을 수락하고 1758년 겨울 초에 스톡브리지에서 프린스턴으로 이주했다. 조나단과 세라와 아직 결혼하지 않은 몇 명의 자녀들은 프린스턴에서 에스더와 에스더의 두 자녀와 함께 재회하기로 되었다. 그런데 에드워즈가 도착한 지 몇 주 만에 천연두 예방 접종을 받았다가 "2차 고열성 질환"에 걸리고 말았다. 결국 에드워즈는 짧지만 격렬한 열병을 앓은 끝에 ― 운명하기 직전에는 목이 심하게 부어올라 "물도 제대로 못 삼킬 정도였다" ― 1758년 3월 22일에 숨을 거두었다.[33]

에스더도 아버지와 똑같은 예방 접종을 받고 아버지와 똑같이 1758년 4월 7일에 열병으로 눈을 감았다. 꽃다운 스물일곱의 나이에 두 어린 자녀를 남겨두고 세상을 뜬 것이다. 이제 미망인이 된 세라 에드워즈는 고아가 된 두 손자를 자기 손으로 키우기로 했다.

남편이 소천했을 때 세라는 아직 프린스턴에 와 있지 않았다. 그녀는 남편이 살 집을 장만하러 먼저 떠난 사이 가족의 재정적인 문제를 해결하기 위해 스톡브리지에 남아 있었다. 에드워즈는 프린스턴 대학 이사회의 청빙을 받자마자 한겨울에 프린스턴으로 길을 떠났고 세라는 여행하기가 좀 더 수월한 봄철이 다가올 때까지 기다리기로 했다. 조나단은 임종의 순간에 세라와 자신과의 "보기 드문 금슬"을 생각했다. 그리고 부드러운 어조로 이렇게 말했다. "내 사랑하는 아내에게 사랑한다고 전해 주렴. 그리고 우리 둘 사이에 그토록 오랫동안 지속된 보기 드문 금슬은 내가 생각하기엔 영적인 관계이고 그래서 앞으로도 영원히 지속될 그런 관계라고 말해 주거라."[34]

에스더의 아이들을 자기 손으로 키우려는 세라의 계획은 이루어지지 않았다. 세라마저 1758년 가을에 이질에 걸려 그 해 10월 2일에 세상을 떴다. 마침내 에드워즈 가족은 하나둘씩 천국에서 다시 만나기 시작했다.

에드워즈는 자신의 삶과 죽음을 통해 우리에게 순례자의 삶을 사는 법을 가르쳐준다. 그는 우리가 천국으로 나아갈 때 하나님을 섬기며 최선을 다해 선을 행해야 함을 가르친다. 그는 우리에게 하늘의 본향을 사모하며 지금 이 곳에서 천국을 미리 맛보아야 한다고 가르친다. 또한 에드워즈는 주 안에서 죽는 것이 뜻하는 바 즉, 주 안에서 죽는 자들은 복이 있으며 "그들의 행한 일이 (그들 뒤를)

따른다"(계 14:13)는 사실도 가르쳐 준다.

에드워즈의 "행한 일"에는 그가 양육한 가족과 교인들, 그리고 그가 남긴 글이 모두 포함될 것이다. 그가 눈을 감았을 때 세라는 딸에게 이렇게 편지했다. "내게는 남편이고 너에겐 아버지이신 그분이 우리에게 참 많은 유산을 남겨 주셨구나." 이 마지막 장에서 우리는 이 땅에서 누리는 천국에 대한 에드워즈의 비전을 요약해 주는 두 편의 설교를 더 살펴볼 것이다. 첫 번째 설교는 사랑하는 사람을 잃은 슬픔에 휩싸인 이들을 향한 설교이며, 두 번째 설교는 우리의 인생을 천국의 본향을 향해 가는 여행으로 묘사하는 설교이다.

이 땅에 남겨진 이들을 위해

요한은 그리스도의 신성에 대한 논증으로 가득한 「요한복음」의 한가운데에서 그리스도의 인성을 감동적으로 보여주는 한 사건을 기록한다. 예수님은 당신의 친구인 나사로의 죽음을 슬퍼하는 이들 가운데서 눈물을 흘리신다(요 11:35). 예수님은 우리의 연약함을 동정하시고 마음 아파하시는 우리의 대제사장이시다(히 4:14-16). 그리스도가 십자가에서 죽으심으로 인해 죽음은 그 위력을 잃어버렸다. 죽음은 이제 정복된 원수다. 청교도 존 오웬John Owen의 표현대로, 그리스도의 죽으심은 죽음의 죽음이었다. 주 안에서 죽은 이들에게 죽음은 하늘에서의 안식의 시작일 뿐임을 우리는 알고 있다. 그러나 이 땅에 남은 이들에게는 상실감의 고통이 아직 생생하게 살아 있다. 우리는 죽음의 죽음을 보는 것이 아니라 죽음의 온갖 추악하고 혐오스런 모습만을 본다. 그래서 우리는 무덤가에 서서 하염없이 눈물 흘린다.

위대한 종교개혁자 마르틴 루터는 죽음의 위력을 너무나 잘 알았다. 루터와 그의 아내 케이티는 18개월 된 딸 엘리자베스와 13살짜리 딸 막달레나를 잃었다. 루터가 애칭으로 "귀여운 레나"라고 불렀던 딸 막달레나가 관 속에 들어갔을 때 루터는 친구에게 이렇게 말했다. "영으로는 기뻐하지만 육신적으로는 몹시 슬프다네. 육신은 이 사실을 기꺼이 받아들이지 못하고 있지. 이별의 슬픔이 말할 수 없이 나를 괴롭히는군." 그러고 나서 루터는 그리스도 안에서 사랑하는 사람과 사별할 때의 복잡한 감정을 이렇게 표현한다

"딸이 분명히 천국에서 편안히 잘 지내고 있을 걸 뻔히 알면서도 이토록 마음이 아프다니 이상한 일일세."[35]

에드워즈와 그의 동시대인들에게 뉴잉글랜드 식민지에서의 생활은 힘겨운 것이었다. 슬픔을 겪는 때가 너무 자주 찾아왔다. 의학 수준은 초보적이었고 질병이 세균에서 비롯된다는 이론은 아직 나오지 않은 시대였다. 더구나 온갖 열악한 생활 조건으로 인해 죽음의 그림자가 사람들을 늘 따라다녔다. 목회자들은 장례식 설교를 끊임없이 전해야 했다. 대각성운동이 한창 진행되고 있던 1741년 9월

어느 날, 에드워즈는 자신의 삼촌이자 매사추세츠 해트필드에서 오랫동안 목회한 윌리엄 윌리엄스의 장례식 설교를 전했다. 에드워즈는 「마태복음」 14장 12절의 세례 요한의 죽음에 대한 기사를 본문으로 선택했다. 그는 이 설교에 "예수님 앞에 아뢴 사별의 슬픔 The Sorrows of the Bereaved Spread Before Jesus"이라는 제목을 붙였다. 이 설교에서 그는 이 땅에 남겨진 사랑하는 이들에게 소망과 위로의 메시지를 전한다.[36]

헤롯이 헤로디아의 딸의 소원에 따라 세례 요한을 악의적으로 불명예스럽게 처형하자 세례 요한의 제자들은 요한의 처형 소식을 알리기 위해 예수님께 찾아왔다(마 14:1-12). 이 야만적인 행동으로 인해 세례 요한의 제자들은 크나큰 슬픔에 휩싸여 거의 무기력해졌다. 이 비극적인 이야기에서 에드워즈는 슬픔의 때를 극복할 수 있는 비결을 발견한다. 세례 요한의 제자들처럼 우리도 우리의 슬픔과 근심을 예수님 앞에 내어놓아야 한다는 것이다. 에드워즈는 이 설교의 교리 부분에서 다음과 같이 지혜롭게 조언한다.

"복음을 전하는 사역에 탁월했던 사람이 세상을 떠났을 때, 그를 잃은 사람들은 예수님 앞에 나아가 자신들의 불행을 고해야 합니다."

에드워즈는 이와 같이 예리하게 지적한다.

"슬픔으로 가득한 사람은 마음속의 원망을 실컷 하소연할 곳을 간절히 원합니다. 그는 자기 마음을 실컷 쏟아놓을 자비로운 친구를 찾습니다.”

에드워즈는 그리스도가 바로 그런 자비로운 친구임을 깨달았다. 그리고 이렇게 말한다. “그리스도야말로 어느 누구보다도 바로 그런 분입니다.” 그리스도는 “자비롭고 부족함 없으신 교회의 머리이시고 몸의 구주이며 고통당하는 이들을 위로할 줄 아는 신실한 대제사장”이다. 에드워즈는 말한다.

“요한의 제자들이 자신들의 사랑하는 인도자요 스승인 요한을 잃어 마음에 슬픔이 가득했을 때 예수님께 나아와 위로를 구한 것은 당연한 일입니다.”

나사로가 죽자 마리아와 마르다가 예수님께 찾아온 것도 마찬가지로 당연한 일이었다. 에드워즈는 이 두 자매의 기대가 “어긋나지 않았다”고 지적한다. 그리스도께서 “그들의 눈물을 보고 매우 마음 아파”하셨기 때문이다.

“「요한복음」 11장 33절에 따르면 예수님은 그 때 심령에 비통히 여기시고 불쌍히 여기셨습니다. 그리고 35절에 보면 예수님이 무덤가에 오셔서 우셨다고 특별히 기록되어 있습니다.”

그러나 그리스도는 “눈물만이 아니라 피까지 흘리시기 위해” 이 땅에 오셨다. “그리스도는 가엾고 불쌍한 인간들을 향한 긍휼의 마음으로 땅 위에 피를 물처럼 쏟으셨습니다.” 에드워즈는 장례식에 모인 이들과 그 가운데 있는 그의 숙모와 사촌들에게 그리스도께서 그들에 대해서도 똑같은 위로와 긍휼의 마음을 품고 저신다는 사실을 확신시킨다. 그리스도는 우리에게도 마찬가지로 똑같은 긍휼과 위로의 마음을 품고 계신다.

지금 천국에 있는 사랑하는 이들이 특별히 오래 살았거나 격렬한 고통을 겪다가 눈을 감았을 때, 우리는 그들을 위해 기뻐할 수 있다. 하지만 사랑하는 이들이 갑자기 세상을 떠났을 경우에는 유족들이 심한 상실감을 겪게 되고 때로는 극심한 충격에서 벗어나지 못할 수도 있다. 그러나 상황이 어떻든 간에 죽음은 언제나 남아 있는 사람들의 마음속에 빈자리를 남긴다. 언젠가 그들을 다시 만날 것이라고 스스로 위로하지만 지금 당장은 슬픔의 파도가 끊임없이 밀려온다. 이럴 때 에드워즈는 능숙하게 우리를 그리스도께 인도하여 우리의 슬픔을 그분께 아뢰게 하고 우리에게 "닥친 일을 자비로운 구주께 말씀 드리게" 한다. 그러면 우리는 우리의 모든 필요를 채워 주기에 충분한 그리스도의 은혜를 발견하게 된다. 이 사실을 말하는 것은 쉬운 일이다. 그러나 이 사실이 참으로 우리의 삶의 현실이 되기 위해서는 그리스도가 어떤 분인지에 대한 깊은 인식이 필요하다.

에스더 에드워즈 버는 남편이 눈을 감은 뒤 아버지에게 이런 편지를 보냈다.

"모든 물줄기가 다 끊어졌지만 하나님이 살아 계신 한 저는 아무 부족함이 없습니다. 하나님이 저로 하여금 '당신이 저를 죽이시더라도 저는 당신을 신뢰하겠습니다'라고 말할 수 있게 하셨어요 …… 오, 하나님은 얼마나 선하신지 모르겠어요. 저는 그리스도 안에 있는 충만을 보았습니다!……하나님은 온갖 어려움 속에서도 저와 함께 하셨어요."

세라도 남편이 소천했다는 소식을 들었을 때 큰 슬픔 속에서 딸에게 이렇게 편지했다.

"내가 무슨 말을 하겠니? 거룩하고 선하신 하나님이 우리 머리 위에 검은 구름을 드리우셨구나."

그러나 그녀는 바로 뒤이어 이렇게 썼다.

"하지만 하나님이 살아계시고 그 분이 내 마음을 가득 채우고 계신다."

조나단 에드워즈의 가족들은 에드워즈가 생전에 보인 모범과 그가 고통당하는 이들에게 전한 위로의 말을 통해 교훈을 배웠다. 그래서 에드워즈의 가족들이 슬픔을 맛볼 차례가 되자 에드워즈의 권면이 효력을 발휘했다. 그의 권면에는 남겨진 이들을 위한 위로가 있다. 우리의 슬픔은 우리의 신실한 대제사장의 마음을 움직인다. 예수님은 눈물 흘리셨고 우리를 위해 피 흘리셨다.

에드워즈는 사별한 이들의 슬픔을 주제로 한 설교를 끝맺으며 다음과 같이 권면한다.

"예수님께로 갑시다. 그래서 우리가 살아 있는 동안 신실하도록, 우리가 수고로이 일할 때 그분이 우리를 도우시도록, 우리도 그곳으로 부름 받을 때 슬퍼하지 않고 기뻐하며 우리가 한 일을 ㅇ-

될 수 있도록, 복음을 위해 신실하게 수고하다가 우리보다 먼저 그곳에 간 믿음의 조상들을 장차 그곳에서 만날 수 있도록, 그리고 그들과 함께 '궁창의 빛과 같이 하늘의 별과 같이' 영원히 빛날 수 있도록, 그분께 은혜를 간구합시다."

우리는 마지막 날에 함께 만날 것이다. 그러나 지금 우리는 우리의 고향을 향해 길을 가면서 그리스도를 바라보고 끝까지 신실하기를 간구한다.

천로역정

존 번연이 "천로역정"이라는 제목을 사용하지 않았다면 에드워즈가 "참된 그리스도인의 삶: 천국을 향한 여행 The True Christian's Life a Journey Toward Heaven"이라고 이름 붙인 자신의 설교에 "천로역정"이라는 제목을 달았을지도 모른다. 에드워즈는 이 설교에서 「히브리서」 11장 13-14절을 본문으로 사용했다. 그가 이 설교를 처음 전한 것은 1733년 노샘프턴에서였다. 훗날 그는 보스턴에서도 이 설교를 전했고 그 후에도 스톡브리지에서 이 설교를 좀 더 요약해서 전하게 된다. 이 설교는 1765년에 처음 출판되었고 그 이래로 널리 읽혀졌다. 에드워즈가 이렇게 똑같은 설교를 여러 번 전하게 된 데는 이유가 있다. 이 설교가 여러 가지 면에서 이 땅에서 그리스도인으로서 살아가는 삶을 구체적으로 형상화

한 설교이기 때문이다.[37]

이 땅에서의 삶은 순례자의 삶이다. 그것은 기독교 전통에서 풍부한 역사를 가진 주제다. 중세 시대에 "순례자의 길"은 문자적으로 십자군 시대에 성스러운 도시 예루살렘으로 가는 길이나 중세의 여러 세기에 걸쳐 많은 사람들이 왕래한 로마로 가는 길을 지칭하는 데 쓰인 말이었다. 이러한 길들은 원거리 여행이 극도로 어려웠을 시절에는 꽤 먼 거리였다. 그래서 이 길들을 따라 여러 수도원이 세워졌다. 산허리에 군데군데 위치한 이 수도원들은 순례자들에게 안식을 주고 원기를 회복시켜 주는 오아시스 같은 역할을 했다. 이 길을 따라 가는 길에 순례자들은 오래 전에 같은 길을 갔던 이들의 영웅담도 들었고 마침내 목적지에 도착하는 순간 경험하게 될 놀라운 일들에 대한 이야기도 들었다. 이런 이야기들은 멀고 험한 여행길에서 순례자들에게 용기를 주었다.

마르틴 루터도 독일의 한 수도원에서부터 로마까지 가는 순례 여행을 했다. 그러나 루터는 로마에 도착한 순간 그곳에서 발견할 것으로 생각했던 구원을 발견하지 못했다. 복음의 진리, 즉 오직 믿음으로 말미암은('*sola fide*') 칭의라는 교회의 숨겨진 보화를 자 발견하고 나서야 루터는 환멸에서 벗어났다.

종교개혁과 함께 순례자의 삶에 대한 개념은 교회에서 새로운 의미를 얻게 되었다. 아마도 영국의 청교도들이 이 개념을 가장 잘 이해했던 것 같다. 이런 측면에서 존 번연과 그의 사랑 받는 책 『천로역정』(1678)은 청교도의 저서들 가운데 특히 두드러진다. 『천로역정』은 기억할 만한 주인공 '그리스도인'이 '멸망의 도시'에서 영광스런 '하늘의 도성'까지 가는 멀고 험한 여행길을 묘사한다. 어떤 청교도들은 심지어 말 그대로 순례자가 되어 대서양을 건너 신대륙으로 갔다. 에드워즈는 바로 그들의 유산을 물려받은 후예였고 그래서 순례자의 삶에 대한 설교에서 자신이 물려받은 참된 유산을 보여준다.

에드워즈는 이 설교에서 「히브리서」 11장 13절을 본문으로 택했다. 「히브리서」의 이 유명한 장에서 우리는 우리보다 먼저 순례자의 길을 걸었던 사람들의 영웅담을 보게 된다. 그들의 증거는 하나님의 신실하심과 성도들의 견인을 보여주는 이정표로 남아 있다.

"이 사람들은 다 믿음을 따라 죽었으며 약속을 받지 못하였으되 그것들을 멀리서 보고 환영하며 또 땅에서는 외국인과 나그네임을 증언하였으니 그들이 이같이 말하는 것은 자기들이 본향 찾는 자임을 나타냄이라 그들이 나온 바 본향을 생각하였더라면 돌아갈 기회가 있었으려니와 그들이 이제는 더 나은 본향을 사모하니 곧 하늘에 있는 것이라 이러므로 하나님이 그들의 하나님이라 일컬음 받으심을 부끄러워하지 아니하시고 그들을 위하여 한 성을 예비하셨느니라"(히 11:13-16).

이 본문에서 히브리서 기자는 이 땅에서의 삶에 대해 지금까지 살펴본 내용의 대부분을 요약해 준다. 우리는 이 말씀에 등장하는 성도들이 약속과 약속의 성취 사이에서 살았고 천국 시민이자 이 땅의 나그네였으며 하나님은 그들을 신실한 순례자로 부르셨다는 사실을 보게 된다. 또한 우리는 이러한 천국의 비전이 바로 그들로 하여금 순례자의 삶을 살 수 있게 한 원동력이었음을 보게 된다. 마지막으로 우리는 그들이 우리의 본이 된다는 사실을 깨닫는다.

에드워즈는 이 모든 사실을 자신의 설교에서 풀어 설명한다. 그는 먼저 이 세상에서의 삶이 "하늘로 가는 여행 또는 순례길"이라는 사실을 우리에게 깨우쳐준다. 우리는 가벼운 마음으로 여행하야 한다. 우리는 "좋은 친구들, 친척들과 함께 어울려" 삶을 즐길 수도 있다. "우리에게는 사귀는 것이 즐거운 벗들과 많은 잠재적인 자질이 보이는 자녀들이 있습니다." 그러나 이는 우리만의 소유물이 아니라는 점을 에드워즈는 우리에게 일깨워준다. 우리는 이 모든 놀라운 것들을 하나님이 주신 선물로 소유하고 누려야 한다. 우리는 이 모든 선물을 손에 쥐고 있되 천국을 위해 언제든 그것들을 이 땅에 남겨둘 준비가 되어 있다.

유용한 여행 정보

이러한 관점을 가지고 에드워즈는 몇 가지 유용한 여행 정보를 제공한다.

1. 마음을 천국에 두어야 한다. 그러면 이 세상의 온갖 매력과

욕망에 마음을 빼앗기거나 크게 구속받지 않게 될 것이다. 우리는 늘 이 세상에서 나그네임을 기억해야 한다.

2. 거룩함이라는 올바른 길을 따라 천국으로 가야 한다. 2장에서 우리는 에드워즈가 천국은 사랑의 세계이므로 천국으로 가는 길은 사랑의 길이라고 가르쳤다는 사실을 살펴보았다. 이제 그는 천국으로 가는 길은 거룩함의 길이기도 하다는 점을 덧붙인다. 에드워즈는 거룩함을 "즐거운 의무"라고 한 적이 있다. 여기서 에드워즈는 우리에게 거룩함은 우리의 이기적이고 악한 욕구와 욕망이라는 자연스런 흐름을 거슬러 올라가는 길임을 일깨워준다. 천국으로 가는 길은 거룩함의 길이다.

3. 어려운 때에 대비해야 한다. 이 길은 어려운 길일 수도 있다. 이 세상은 때로는 광야일 수도 있다. 이 사실은 우리에게 천국 길을 가기 위해 마음의 준비를 단단히 할 것을 요구한다.

4. 꾸준히 가야 한다. 지름길도 없고 멈출 수도 없다. 이 길을 "어렸을 때부터" 가기 시작해서 끝까지 인내하며 가야 한다.

5. 지속적인 진보를 이루어야 한다. 내가 아는 사람 중에 예를 잘 드는 재주가 있는 교수 한 분이 있다. 그는 신앙생활을, 롤러코스터 비슷한 것으로 보는 사람들이 있다고 말했다. 그런 사람들은 어느 날은 위로 올라가고 다음 날은 아래로 곤두박질친다고 생각한다. 그러나 그는 신앙생활을 요요를 손에 들고 산길을 올라가는 사람에 비유하길 좋아한다. 작은 신앙적 기복은 있을 수 있지만 이

상적인 신앙생활은 때로는 발걸음이 늦어지더라도 계속해서 앞으로 나아가는 삶이다.

6. 목적지를 늘 염두에 두어야 한다. 우리는 가는 길에 먹고 마셔야 하고 친구도 사귀어야 한다. 그러나 다시 말하지만 이런 것들은 하나님이 우리에게 가는 길에 새 힘을 얻고 기뻐하라고 주신 삶 속의 선물들이며 장차 올 좋은 것들의 상징이다. 우리는 더 나은 본향, 우리를 기다리고 있는 저 하늘나라에 눈을 고정시켜야 한다.

설교가 진행됨에 따라 에드워즈는 이러한 요점들을 더 자세히 풀어 설명한다. 그는 이렇게 말한다. "회심할 때 사람들은 이제 겨우 일을 시작하는 것에 불과합니다." 회심의 순간에 우리는 은혜를 맛보았다. 우리는 "가나안의 축복을 이미 맛보았다." 이제 우리는 이 길 끝에서 우리를 기다리고 있는 상급을 바라보며 기운을 내어 "최대한 열심히" 은혜의 길을 따라 달음질해야 한다. 지금 우리는 은혜의 맛만 보았을 뿐이다. 이보다 훨씬 많은 은혜가 우리를 기다리고 있다.

에드워즈는 장차 다가올 훨씬 많은 은혜를 그만의 독특한 방식으로 기술한다. 그는 말한다.

"천국은 여러분의 인생을 통째로 천국 가는 길에 바쳐야 할 만큼 가치가 있습니다. 그보다 더 나은 어떤 목적에 여러분의 인생을 바칠 수 있겠습니까?"

그는 또 계속해서 이렇게 말한다.

“하나님을 향한 영원한 기쁨, 하나님의 영광스런 임재, 새 예루살렘, 하늘의 시온 산으로 인도하는 일을 가는 것보다 어떻게 더 낫게 여러분의 힘을 사용하고 여러분의 방편을 활용하며 여러분의 시간을 보낼 수 있겠습니까? 그곳에서는 여러분의 모든 소망이 충족될 것이고 여러분의 행복을 잃을 위험이 전혀 없습니다.”

에드워즈는 1754년 겨울에 스톡브리지에서 모호크 족과 모히컨 족 인디언들에게 이 설교를 다시 전했다. 설교 내용 일부는 삭제하고 일부는 첨가해서 약간 고쳤다. 설교 원고 끝부분에서 에드워즈는 마지막 내용 일부를 휘갈겨 썼다. 에드워즈는 천국에는 “죄도, 교만도, 악의도, 서로 미워하는 일도, 서로 상처 주는 일도, 서로 죽이는 일도…… 죽음도, 노화도, 겨울도” 없다고 말하며 그 대신 천국은 “마음이 사랑으로 충만하고” “행복으로 충만한” 곳이라고 말한다.[38)]

이것이 천국에 대한 에드워즈의 호소력 있는 비전이었다. 그가 평생토록 삶을 통해 보여준 비전, 노샘프턴과 변방의 선교지 스톡브리지에서 계속 설교했던 비전이었다. 고난과 슬픔의 때에 그와 그의 가족을 붙들어 준 비전, 이 땅에서의 삶과 밀접한 관련이 있는 비전이었다. 순례자의 삶에 대한 설교의 마지막 부분에서 에드워즈는 다음과 같은 마지막 권면을 전한다. “그리스도인들은 이 길을 가면서 서로 도와야 합니다.” 또한 그는 이 순례 여행에서는 “길벗이 꼭 필요하다”고 말한다. 우리는 혼자가 아니다. 에드워즈를 포함해서 우리보다 그 길을 먼저 갔고 우리를 위해 그 길을 가리켜 보여주는 많은 선배들이 있다. 에드워즈는 우리도 다른 사람들에게 그들과 똑같이 해야 한다고 촉구한다. 우리 모두는 "영광스럽게 우리 아버지의 집에서 더 즐겁게 만나기를" 고대하기 때문이다.

결론

나는 이 책의 서론에서, 에드워즈는 히브리서 기자가 「히브리서」 12장 첫머리에서 말한 것처럼 우리에게 성경과 그리스도를 너무나도 잘 가리켜 보이기 때문에 우리의 신앙생활을 안내할 좋은 안내자라고 말했다. 이 세상에서의 삶은 순례자의 길이다. 그 길을 따라가면서 우리는 다른 순례자들의 삶에서, 고난과 박해의 와중에서 그들이 보여준 신실한 증거 속에서, 그리고 더 나은 본향을 찾는 그들의 열심 속에서 영감을 발견한다.

우리의 구주도 이 세상에 오셔서 우리 가운데서 육신의 몸을 입으셨다. 주님은 박해와 고난, 상실과 배신을 경험하셨다. 주님은 이 땅에 계실 때 아버지의 뜻을 행하고자 애쓰셨다. 주님은 불의한 세상에서 정의에 대해 말씀하셨다. 주님은 고난당하고 만신창이가 된 인간들을 위해 몸을 낮추셨다. 주님은 갈등과 투쟁의 소용돌이 속에서 평안과 조화의 본을 보이셨다. 주님은 불평과 불만으로 가득한 문화 속에서 기쁨과 행복에 대해 말씀하셨다. 주님은 증오와 죽음 가운데 사랑과 생명의 씨를 뿌리셨다. 그리스도는 이 땅의 천국이셨다. 그리고 그분은 우리에게 자신의 제자가 되라고 명하셨다.

히브리서 기자가 우리에게 다음과 같이 권면하는 것은 이상한 일이 아니다.

"인내로써 우리 앞에 당한 경주를 하며 믿음의 주요 또 온전하게 하시는 이인 예수를 바라보자 그는 그 앞에 있는 기쁨을 위하여 십자가를 참으사 부끄러움을 개의치 아니하시더니 하나님 보좌 우편에 앉으셨느니라"(히 12:1-2).

언젠가 우리는 마침내 그곳에서 만나 주님의 보좌 주변에 모두 모일 것이다.

그 동안 우리가 이 땅에서 살면서 이러한 천국의 비전을 굳게 붙잡기를 소망한다. 이 비전은 조나단 에드워즈가 붙들었던 영향력 있는 비전이었다. 에드워즈는 여러 세대의 그리스도인들에게 하늘의 더 나은 본향을 추구하라고 촉구했다. 우리도 이 땅에서 사는 동안 천국의 비전에 따라 살면서 다른 이들에게 선한 영향을 끼치기를 소망한다. 그날에 "우리 아버지의 집에서 얼마나 즐거운 만남이" 있겠는가!

부록

천국은 사랑의 세계입니다(원문 요약)

조나단 에드워즈

저자의 서론

지금까지 살펴본 에드워즈의 설교들 중에서 이 땅에서의 천국에 대한 에드워즈의 비전을 가장 잘 보여주는 설교는 "천국은 사랑의 세계입니다"가 아닐까 생각한다. 이 설교는 사랑에 대한 바울의 탁월한 설명인 「고린도전서」 13장을 다룬 에드워즈의 연속 설교 가운데 마지막 편이다. 옛 흠정역(KJV) 성경에서는 사랑을 자비charity라는 말로 번역했다. 그래서 에드워즈는 이 연속 설교의 제목을 "자비와 그 열매 Charity and Its Fruits"라고 붙였다. 이 15편의 연속 설교 가운데 첫 번째 설교에서 에드워즈는 사랑이야말로 모든 미덕의 요체라고 선언한다. 이 설교의 교리는 다음과 같다.

"구원에 이르며 참된 그리스도인을 다른 이들과 구별시켜주는 모든 미덕은 그리스도인의 사랑으로 요약된다."

그것은 첫째로 하나님께로 향하고 둘째로 우리 이웃에게로 향하는 사랑이다. 그것은 적극적인 사랑이며 또한 하나님을 섬기고 다른 이들을 섬기는 결과를 가져오는 사랑이다. 이러한 사랑과 그 열매는 참된 제자도의 표지다.

에드워즈는 천국에서 우리를 기다리고 있는 완전한 사랑의 약속인 「고린도전서」 13장 8-10절을 고찰하면서 연속 설교를 끝맺는다. 그는 사랑의 세계인 천국에서 우리를 기다리는 영광스런 미래를 묘사하는 데 전력을 기울인다. 이 설교는 참으로 우리를 격려한다. 그러나 우리가 앞에서 살펴보았듯이 에드워즈는 우리를 격려하고자 할 뿐 아니라 교훈하고자 한다. 설교를 끝마치면서 에드워즈는 만일 천국이 사랑의 세계라면 천국으로 가는 길은 사랑의 길이라는 점을 우리에게 상기시킨다.

작고한 프린스턴 대학의 에드워즈 연구가 폴 램지Paul Ramsey는 에드워즈를 아는 대부분의 사람들이 그를 "진노하시는 하나님의 손 안에 든 죄인들 Sinners in the Hands of an Angry God"의 설교자로만 알고 "천국은 사랑의 세계입니다 Heaven Is a World of Love"의 설교자로는 알지 못하는 현실을 개탄했다. 에드워즈는 "진노하시는 하나님의 손 안에 든 죄인들"에서 분명히 드러났듯이 죄와 심판에 대한 심오한 인식을 지니고 있었다. 마찬가지로 그는 하나님의 아름다움과 기쁨, 천국의 영광, 하나님의 자녀들의 행복에 대한 심오한 인식을 지니고 있었다. 에드워즈는 인생의 고통과 불행을 잘 알았고 인간의 마음속에 있는 악을 잘 이해했다. 그러면서도 그는 사랑의 힘에 대해서도 잘 알았다. 그는 사랑의 삶이 지닌 능력, 이 땅에서 진실하게 하늘에서와 같이 살아가는 삶의 능력을 잘 알았다.

본문과 관련된 참고사항

에드워즈는 1738년 4월과 10월 사이에 이 연속 설교를 전했다. 조나단의 손자인 트라이언 에드워즈는 1851년에 이 연속 설교를 처음으로 발간했다. 트라이언의 초판은 재판을 거듭하여 오늘날에도 2권짜리 에드워즈 전집(Jonathan Edwards, *Charity and Its Fruits* [Carlisle, PA: The Banner of Truth, 1969])에 수록되어 널리 읽힌다. 트라이언 에드워즈의 판본은 네 번째 설교를 두 편으로 나누어 놓아 총 16편의 설교로 구성되어 있다. 전체 연속 설교의 본문 비평 연구판은 폴 램지가 편집한 예일대 판 조나단 에드워즈 전집 제 8권 (*The Works of Jonathan Edwards*, Volume 8: Ethical Writings [New Haven, CT: Yale University Press, 1989])에 수록되었다.

에드워즈가 쓴 친필 원고는 현재 전해지지 않는다. 이 설교의 본문 비평 연구판은 매사추세츠 주 앤도버-뉴턴 신학교에 있는 에드워즈 원고 소장본의 일부인 작자미상의 19세기 초기 원고에 바탕을 두고 있다. 트라이언 에드워즈가 어떤 원고를 바탕으로 이 설교를 발간했는지는 알려지지 않았다.

이 책에서 소개하는 본문은 트라이언 에드워즈의 판본을 기초로 해서 문체나 편집에 있어서 약간의 변화를 준 것이며 첫 단락은 폴 램지가 편집한 판본에서 나온 것이다. 나는 이 설교를 대략 원래 분량의 반 정도로 줄였다. 현대의 독자들(그리고 설교자들)에게는 짧은 설교가 도움이 되지만 에드워즈가 전체 설교를 전하는 데는 아마도 한 번 이상의 예배가 필요했을 것이다.

"천국은 사랑의 세계입니다"는 빙산의 일각일 뿐이다. 다른 설교들도 어느 것이나 그리스도인의 삶을 사는 문제에 대해 이 설교와 맞먹는 영감과 교훈을 준다. 만일 이 책이 에드워즈의 다른 설교문들도 읽어보고 싶은 욕구를 불러일으킨다면 각주에서 언급한 내용이 다른 설교들을 찾아 읽는 데 도움을 줄 것이다. 에드워즈의 설교문은 그만한 노력에 충분히 값한다.

"천국은 사랑의 세계입니다"

조나단 에드워즈(1738년 10월)

"사랑은 언제까지나 떨어지지 아니하되 예언도 폐하고 방언도 그치고 지식도 폐하리라 우리는 부분적으로 알고 부분적으로 예언하니 온전한 것이 올 때에는 부분적으로 하던 것이 폐하리라"

(고전 13:8-10)

이 본문 말씀의 첫 구절에 대한 설교에서 나는 이미 한동안만이 아니라 영원토록 성령이 그리스도의 교회에 임하는 매개가 될 성령의 위대한 열매는 신적인 사랑이라는 교리를 이끌어냈습니다.[39] 그리고 이제는 같은 구절(고전 13:8)을 그 뒤에 이어지는 두 구절(고전 13:9-10)과 관련지어 고찰해 보고 이 세 구절에 대해 다음 두 가지 사실을 살펴보고자 합니다.

첫째로 성령의 다른 모든 열매들이 사라진 뒤에도 사랑은 남아 있을 것이라는 점이 사랑의 한 가지 탁월한 속성으로 언급되어 있다는 사실입니다.

둘째, 부분적으로 있던 것이 사리지고 완벽한 것이 올 때 즉, 교회가 완전해진 상태에서 이런 일이 일어날 것이라는 사실입니다……

교리

천국은 사랑의 세계입니다.

바울 사도는 본문에서 교회가 천국에서 완전해진 상태 즉, 성령이 지금 이 땅에서의 교회보다 더 완벽하고 더 풍성하게 임할 때의 교회의 상태에 대해 말합니다. 그러나 성령이 지금보다 훨씬 풍성하게 부어질 그 때에는 저 세상의 모든 복된 거민들의 마음속에 위대한 성령의 열매인 거룩하고 신적인 사랑으로 부어질 것입니다. 그래서 천국에서의 교회의 상태는 이 땅에서의 교회의 상태와는 구별됩니다. 교회의 현재 상태에서는 성령이 매우 불완전하게 임하는 반면, 천국에서의 교회의 상태는 하나님이 성령의 교제를 위해 특별히 계획하신 상태이며 성령이 완벽하게 임하게 될 상태입니다. 또한 천국에서의 교회의 상태는 이 거룩한 사랑 혹은 자비가 모든 것 중에서 가장 완벽하고 영광스런 것으로서 성령의 유일한 선물 또는 열매가 될 상태이자 그 사랑이 완성될 때 하나님이 지상의 교회에 베푸신 다른 모든 선물들을 필요 없게 만드는 그런 상태입니다.

천국이 어떻게 그러한 거룩한 사랑의 세계인지를 더 잘 이해하기 위해 다음과 같은 점들을 고찰해 보고자 합니다.

첫째, 천국에 있는 사랑의 원인과 근원.

둘째, 사랑이 포함하는 대상.

셋째, 그 사랑의 주체.

넷째, 사랑의 원리 또는 사랑 그 자체.

다섯째, 사랑이 천국에서 발현되고 표현되며 향유될 때의 이상적인 상황.

여섯째, 이 모든 것의 행복한 결과 및 열매.

Ⅰ. **천국에 있는 사랑의 원인과 근원.** 이 대목에서 나는 사랑의 하나님 자신이 천국에 거하신다는 점을 말하고자 합니다. 천국은 높고 거룩하신 분의 궁전 또는 알현실입니다. 그분의 이름은 사랑이며 그분은 모든 거룩한 사랑의 원인이자 원천입니다. 하나님의 본질과 관련해서 고찰해 보면 하나님은 어디에나 계십니다. 하나님은 하늘과 땅을 가득 채우고 계십니다. 그러나 어떤 면에서 하나님은 어떤 장소에서 다른 장소보다 특별히 더 많이 거하시는 것으로 말씀에 기록되어 있습니다. 하나님은 옛적에 다른 어떤 땅보다도 특히 이스라엘 땅에 거하시고 이스라엘 땅의 다른 모든 도시보다도 특히 예루살렘에 거하시며 예루살렘의 다른 모든 건물보다도 특히 성전에 거하시고 성전의 다른 모든 곳보다도 특히 지성소에 거하시며 지성소의 다른 모든 곳보다도 특히 언약궤 위 속죄소에 거하신다고 기록되어 있습니다. 그러나 우주 안에서는 다른 어떤 곳보다도 하늘이 하나님의 거처이며 옛적에 하나님이 거하신다고

기록된 그 모든 장소는 사실 이 하늘의 모형일 뿐입니다. 하늘은, 하나님이 당신의 영광이 거하는 장소로 삼으시기 위해 지으신 피조 세계의 일부이며 영원한 하나님의 처소입니다. 하나님은 하늘에 거하시며 영원토록 자신을 영광스럽게 나타내실 것입니다.

이 사실로 인해 하늘(천국)은 사랑의 세계가 됩니다. 태양이 빛의 근원이듯이 하나님은 사랑의 근원입니다. 그러므로 맑은 날이 눈에 보이는 하늘의 한 가운데 위치한 태양이 세상을 빛으로 가득 채우듯이 하늘에서의 하나님의 영광스런 임재는 하늘(천국)을 사랑으로 채웁니다. 사도는 우리에게 "하나님은 사랑이시라"라고 말합니다(요일 4:8). 그러므로 하나님이 무한하신 존재임을 감안하면, 하나님은 사랑의 무한한 근원이라는 결론이 도출됩니다. 또 하나님이 부족함이 없으신 존재임을 감안하면, 하나님은 충만하고 흘러넘치며 다함이 없는 사랑의 근원이라는 결론이 나옵니다. 그리고 하나님은 변치 않으시고 영원하신 존재라는 점에서 변치 않고 영원한 사랑의 근원입니다.

거기 하늘에는 지금까지 흘러나온 거룩한 사랑의 모든 강물, 도든 물방울이 흘러나온 근원인 하나님이 거하십니다. 그곳에는 성부 하나님, 성자 하나님, 성령 하나님이 무한히 귀하고 불가사의한, 상호간의 영원한 사랑으로 하나로 연합되어 거하십니다. 그곳에는 자비의 아버지이시며 세상을 위해 죽임을 당할 독생자를 토내실만큼 세상을 사랑하신 사랑의 아버지이신 성부 하나님이 거하-

십니다. 그곳에는 하나님의 어린 양, 평화와 사랑의 왕, 세상을 너무나 사랑하셔서 인간을 위해 자신의 피를 흘리시고 자기 영혼을 쏟아 부으신 그리스도가 거하십니다. 그곳에는 위대한 중보자가 거하십니다. 그분을 통해 하나님의 모든 사랑이 인간에게 표현되고, 그분에 의해 그 사랑의 열매가 사신 바 되었고, 그분을 통해 그 열매가 전달되며, 그분을 통해 모든 하나님의 백성의 마음속에 사랑이 전해집니다. 그곳에는 인성과 신성의 양성을 지닌 그리스도께서 아버지와 같은 보좌에 앉아 계십니다. 그리고 그곳에는 신적인 사랑의 영이신 성령이 거하십니다. 성령 안에서 하나님의 본질이 흘러나오고 사랑이 뿜어져 나오며, 성령의 직접적인 감화로 모든 거룩한 사랑이 이 땅과 하늘의 모든 성도들의 마음속에 널리 퍼집니다.

그곳 하늘에서는 이 무한한 사랑의 근원, 이 영원한 삼위일체 하나님께 나아가는 길이 아무런 장애물 없이 활짝 열려 있습니다. 그곳에서 이 영광스런 하나님은 충만한 영광, 사랑의 빛으로 나타나시며 빛나십니다. 그곳에서 이 영광스런 샘 근원은 영원히 흘러나와 사랑과 기쁨의 시내와 강을 이루고 이 강물은 점점 불어나 '사랑의 바다'가 됩니다. 그 바다 속에서 주님의 피로 구속받은 영혼들은 가장 감미로운 즐거움에 잠기게 될 것이며 그들의 마음은 '사랑의 홍수'로 흘러넘칠 것입니다.

II. 천국에 있는 사랑의 대상에 대해. 이 대목에서 저는 세 가지 사항을 말씀드리고 싶습니다.

1. 천국에는 사랑스러운 대상밖에 없습니다. 그곳에서는 불쾌하거나 사랑스럽지 않거나 오염된 사람이나 사물은 볼 수 없습니다. 악하거나 거룩하지 않은 것은 아무것도 없습니다. "무엇이든지 속된 것이나 가증한 일 또는 거짓말하는 자는 결코 그리로 들어가지 못하되"(계 21:27). 자연적으로나 도덕적으로 기형적인 것은 아무것도 없습니다. 모든 것이 보기에 아름답고 곱고 그 자체로 탁월합니다 …… 그 복된 하늘의 공동체에 속한 모든 사람이 사랑스럽습니다. 하늘 가족의 아버지이신 하나님은 사랑스러우시며 그분의 모든 자녀도 그러합니다. 몸의 머리가 사랑스러운 것처럼 그 몸의 모든 지체도 사랑스럽습니다……

2. 그들은 모두 완벽하게 사랑스러울 것입니다. 이 세상에는 일반적으로 사랑스러운 것들이 많이 있지만 사랑스럽지 않은 요소가 완벽하게 없지는 않습니다. 태양에는 흑점이 있습니다. 마찬가지로 매우 사랑스럽고 사랑받을 자격이 있는 사람들도 많지만 그들도 마음에 안 들고 사랑스럽지 않은 면이 있기 마련입니다. 선량한 사람들에게도 기질이나 성격이나 행동 가운데 지금과는 달랐으면 아주 사랑스러워보였을, 탁월한 자질을 손상시키는 결함이 있는 경우가 많습니다. 심지어 가장 훌륭한 사람이라 할지라도 이 땅에서는 불완전합니다. 그러나 천국에서는 그렇지 않습니다. 그곳이

서는 어떤 사람이나 사물에서도 오염이나 결함이나 사랑스럽지 않은 결함을 볼 수 없을 것입니다. 천국에서는 모든 사람이 완벽하게 순수하고 완벽하게 사랑스러울 것입니다. 저 복된 세계는 조금도 어둡지 않고 완벽하게 밝고 점도 흠도 없이 완벽하게 깨끗하며 구름 한 점 없이 완벽하게 맑을 것입니다……

3. 천국에는 성도들이 소망하며 이 세상에 있는 동안 무엇보다 사랑한 모든 것이 있을 것입니다. 천국에서 성도들은 이 세상에 거하는 동안 그들의 눈에 가장 아름답게 보였던 것들, 그들의 판단 기준을 충족시키고 그들의 감정을 사로잡으며 그들의 영혼을 이 세상의 가장 귀하고 아름다운 것들로부터 멀어지게 한 것들을 발견하게 될 것입니다. 거기서 성도들은 이 땅에서 자신들의 기쁨이었던 것들, 자신이 묵상하기 좋아했던 것들, 감미롭게 묵상할 때면 마음을 즐겁게 했던 것들을 발견하게 될 것입니다. 그곳에는 그들이 자신의 분깃으로 선택했던 것들, 그것을 위해서라면 가장 극심한 고난이라도 견디고 심지어 아버지, 어머니, 친척, 친구, 아내, 자식, 자기 목숨조차 버릴 각오가 되어 있을 정도로 소중하게 여긴 것들도 있을 것입니다. 참으로 위대하고 선한 모든 것, 이 세상과 우주의 모든 곳에서 나온 모든 순수하고 거룩하며 탁월한 것은 끊임없이 천국으로 향하고 있습니다. 시내가 흘러 바다로 가듯이 이 모든 것은 무한한 순결함과 축복의 거대한 바다로 흘러갑니다.

시간의 흐름은 성도들을 그 복된 곳으로 데려갈 뿐입니다. 우리가 거룩하다면 우리도 그곳에서 성도들과 함께 하나가 될 것입니다. 죽음이 무자비하게 우리에게서 빼앗아간 모든 보석은 그곳에서 영원히 빛날 것입니다. 이 세상에서 우리보다 앞서 간 모든 그리스도인 친구들은 천국에서 우리를 맞이하려고 기다리고 있는 구속 받은 영혼들입니다. 우리가 이 땅에서 잃어버린 날들을 은혜로 말미암아 천국에서 영원히 보상받게 됩니다. 그곳에서 우리는 그리스도인 아버지, 어머니, 아내, 자식, 친구들과 새롭게 성도의 교제를 나눌 것입니다. 비록 이 땅에서는 죽음으로 인해 그러한 교제가 단절되었지만 천국에서 다시 교제가 시작되어 영원토록 지속될 것입니다. 거기서 우리는 구약 시대와 신약 시대의 족장들, 선조들, 성도들, 곧 이 세상이 감당치 못한 사람들, 이 땅에서는 오직 믿음으로만 알았던 사람들과 사귀게 될 것입니다. 무엇보다 그곳에서 우리는 이 땅에서 우리의 온 마음을 다해 사랑했던 아버지 하나님과, 언제나 많은 사람 가운데 가장 우리 눈에 띄시며 전적으로 사랑스러우신 사랑하는 우리 구주 예수 그리스도와, 우리를 거룩하게 하시고 인도하시며 위로하시는 성령님과 늘 함께 거하며 하나님의 모든 충만으로 영원히 충만하게 될 것입니다……

**[III. 천국의 실체, 즉 그 속에 천국이 거하는 마음에 대하여 ……
IV. 천국의 사랑의 원리에 대하여.]**

Ⅴ. 천국에서 베풀어지고 향유되는 사랑의 탁월한 상황들.

이 대목에서 나는 다음 열 가지 요점을 제시하고자 합니다.

1. 천국의 사랑은 언제나 서로 주고받는 사랑입니다. 천국의 사랑에는 언제나 베푼 사랑에 상응하는 사랑의 보답이 있습니다. 사랑은 언제나 그러한 보답을 찾습니다. 어떤 사람이든 그가 사랑받는 분량만큼 그를 사랑해준 사람도 그에게서 그만큼의 사랑 받기를 기대하고 소망합니다. 천국에서는 이렇게 사랑을 소망하고 사랑받기를 바라는 마음이 충족되지 못하는 경우는 결코 없을 것입니다. 저 복된 세계에 사는 사람들은 결코 자신이 사랑하는 이들에게 경홀히 여김을 받거나 자신의 사랑이 충분하고 흡족한 보답을 받지 못할 것이라는 생각에 근심하지 않을 것입니다. 성도들은 상상할 수 없을 만큼 열렬한 마음으로 온 힘을 다해 하나님을 사랑하게 될 것과 마찬가지로 하나님이 영원 전부터 그들을 사랑하셨고 지금도 사랑하고 계시며 앞으로도 영원히 그들을 사랑할 것임을 알게 될 것입니다……

2. 천국의 사랑에서 비롯되는 기쁨은 결코 질투로 인해 방해받거나 줄어들지 않을 것입니다. 천상의 사랑을 나누는 이들은 서로 간의 사랑에 아무런 의심을 품지 않을 것입니다. 그들은 서로 위선적으로 사랑한다는 사실을 밝히고 고백하는 것은 아닐까 두려워하는 것이 아니라 마치 사람들의 가슴마다 창문이 달려 있어서 각자의 마음속에 있는 모든 것을 투명하게 볼 수 있는 것처럼 서로가

가진 애정의 신실함과 힘에 완전히 만족할 것입니다. 천국에는 아첨이나 위선 같은 것은 없을 것입니다. 천국에는 완벽한 진실함만이 가득할 것입니다. 모두가 보이는 모습 그대로 겉과 속이 일치하고 겉으로 보이는 모습과 똑같은 사랑을 실제로 가지고 있을 것입니다. 천국은, 겉과 속이 일치하는 것이 별로 없고 가볍고 무의미한 고백이 난무하는 이 세상과는 다를 것입니다. 천국에서는 모든 사랑 표현이 진심에서 우러나오며 고백한 모든 말이 진실하게 절절히 마음속에 와 닿을 것입니다……

3. 천국의 성도들의 마음속에는 사랑을 베풀고 표현하는 것을 막거나 방해할 아무런 걸림돌이 없을 것입니다. 이 세상에서 성도들은 사랑을 베푸는 면에서 많은 걸림돌을 경험합니다. 성도들에게는 상당히 무겁고 둔중한 짐이 있습니다. 그들은 거추장스런 육체, 흙덩어리, 혈과 육의 덩어리를 지니고 삽니다. 이 육체는 고결한 신적인 사랑을 실천하려는 마음으로 불타는 영혼을 담을 만한 그릇이 되기에는 합당치 않으며 도리어 영혼에 큰 방해물이자 걸림돌이 됩니다. 그래서 성도들은 원하는 만큼 하나님께 대한 사랑을 표현하지 못하고 소원하는 만큼 그 사랑을 적극적으로 생기 있게 드러내지 못합니다. 그들은 하늘로 날아오르기를 간절히 소망하지만 마치 날개에 무거운 추가 달려 있는 듯이 이 땅에 속박되어 있을 때가 많습니다. 그들은 불꽃처럼 활활 타오르기를 간절히 원하지만 이를테면 속박의 사슬에 묶여 사랑의 마음이 시키는 대로

행동하지 못하는 자신의 모습을 발견합니다. 마음 같아서는 찬양의 소리를 발하고 싶지만 혀가 말을 듣지 않습니다. 성도들은 자기영혼의 열심을 표현할 말이 부족하고 우둔함 때문에 조리 있게 말하지 못합니다(욥 37:19). 또 표현할 말이 부족해서 그저 말할 수 없는 탄식에만 만족해야 하는 경우가 많습니다(롬 8:26). 그러나 천국에서는 그런 걸림돌이 전혀 없을 것입니다……

4. 천국에서는 사랑이 완벽한 품위와 지혜로 표현될 것입니다. 이 세상에서는 마음이 진실하고 진실로 하나님과 이웃에 대한 참된 사랑의 원리를 소유한 이들 가운데서도 많은 이들이 그 사랑을 표현하는 방식과 상황에 있어서 인도함을 받을 만한 분별력이 부족합니다. 그들의 의도와 그들의 말은 선하기는 하지만 상황적으로 시기적절하거나 지혜롭지 못하고 다른 사람들이 보기에 미덕의 아름다움을 크게 손상시키는 경솔함이 수반되는 경우가 비일비재합니다. 그러나 천국에서는 그들의 사랑이 지닌 사랑스러움과 탁월함이 어떤 식으로도 가려지지 않습니다. 천국에는 품위 없거나 지혜롭지 못하거나 어울리지 않는 말이나 행동, 어리석고 감정적인 호감, 불필요한 거만함, 천박하거나 사악한 감정의 성향, 이성을 흐리게 하거나 속이거나 이성보다 앞서거나 이성에 배치되는 감정 따위는 없습니다. 성도들의 마음속에 있는 지혜와 분별력은 그들이 지닌 사랑만큼이나 완벽해집니다. 또 그들이 표현하는 모든 사랑에는 가장 사랑스럽고 완벽한 품위와 분별력과 지혜가 수

반됩니다.

5. 천국에는 성도들끼리 서로 거리를 유지하게 만들거나 서로의 사랑을 완벽하게 만끽하는 것을 방해할 외적인 걸림돌이 전혀 없을 것입니다. 천국에는 성도들을 서로 떼어놓는 분리의 장벽이 전혀 없으며 성도들끼리 사는 곳이 서로 멀리 떨어져 있어서 서로 간의 사랑을 충만하고 완전하게 누리지 못하는 일도 없습니다. 성도들은 모두 한 가족처럼 하늘 아버지의 집에 함께 있게 됩니다. 또한 천국에는 성도들끼리 서로 충분히 알지 못해서 가능한 최대한의 친밀감을 경험하지 못하는 일도 없습니다. 성도들끼리 서로 오해하거나 상대방의 말이나 행동을 곡해하는 일은 더더욱 없습니다. 기질이나 풍습이나 환경의 차이 때문에, 또는 의견이나 관심사나 감정이나 인맥이 서로 달라서 분열이 생기는 일도 없습니다. 모두가 똑같은 관심사로 하나가 되고 모두 함께 똑같은 구주와 연합되고 모두가 똑같은 하나님을 섬기며 영화롭게 하는 일을 하게 됩니다.

6. 천국에서는 모두가 아주 가깝고 소중한 관계로 함께 연합될 것입니다. 사랑은 언제나 사랑받는 사람과 가까운 관계를 추구합니다. 천국의 성도들은 모두 서로 가깝고 친밀한 관계를 맺습니다. 모두가 자신의 사랑의 최고로 높은 대상인 하나님과 가까운 관계를 맺습니다. 그들 모두가 하나님의 자녀이기 때문입니다. 그리고 모두가 그리스도와 가까운 관계를 맺습니다. 그리스도는 천국 공

동체 전체의 머리이자 성도들의 온 교회의 남편이 되시고 온 성도들은 그분의 신부이기 때문입니다. 또한 성도들은 모두 서로 형제자매와 같은 관계를 맺습니다. 모두가 단 하나의 공동체, 보다 정확히 말하면 하나님 집의 한 가족, 한 식구이기 때문입니다.

7. 천국에서는 모두가 서로를 소유하게 될 것입니다……신적인 사랑은 이렇게 말하기를 기뻐합니다. "나는 내 사랑하는 자에게 속하였고 내 사랑하는 자는 내게 속하였으며"(아 6:3). 천국에서는 모두가 서로서로 관계를 맺고 있을 뿐만 아니라 서로의 소유이며 서로에게 속해 있습니다. 성도들은 하나님의 것이 됩니다. 하나님은 그들을 하나님 자신이 특별한 보물로 택하신 피조계의 일부로서 영광중에 자신에게로 인도하십니다. 또 다른 한편으로 하나님은 이 세상에서 맺은 영원한 언약으로 말미암아 성도들의 것이 됩니다. 이제 성도들은 하나님을 자신의 분깃으로 영원히 충만하게 소유하게 됩니다. 그로 인해 성도들은 그리스도의 것이 됩니다. 그리스도는 그들을 값을 주고 사셨기 때문입니다. 또한 그리스도는 성도들의 것이 됩니다. 성도들을 위해 자기 몸을 주신 그리스도는 성도들에게 자신을 주실 것이기 때문입니다. 서로간의 영원한 사랑의 결합으로 그리스도와 성도들은 서로 자기 자신을 줄 것입니다. 그리고 하나님과 그리스도가 성도들의 소유가 되듯이 천사들도 "그들의 천사들"(마 18:10)이 됩니다. 또한 성도들은 서로에게 속합니다. 바울 사도도 자기 시대의 성도들에 대해 다음과 같이 말

하고 있기 때문입니다. "그들이 먼저 자신을 주께 드리고 또 하나님의 뜻을 따라 우리에게 주었도다"(고후 8:5). 이런 일이 이 땅에서도 일어날 수 있다면 천국에서는 더 완벽하게 일어날 것입니다.

8. 천국에서 성도들은 서로의 사랑을 완벽하고 영원한 풍성함 속에서 누리게 될 것입니다. 이 땅에서 종종 세속적인 쾌락의 기쁨과 감미로움의 질을 떨어뜨리는 요인은 사람들이 사랑하며 살면서도 가난하게 살거나 큰 어려움과 고난을 만나 그로 인해 스스로 혹은 상대방으로 인해 크게 슬퍼하게 된다는 사실입니다. 그런 경우에는 사랑과 우정이 어떤 면에서는 져야 할 짐의 무게를 덜어 주기도 하지만 또 다른 면에서는 짐을 더 무겁게 하기도 합니다. 왜냐하면 서로를 사랑하는 이들은 바로 그 사랑으로 인해 상대방의 고난을 나누어 갖게 되기 때문입니다. 각 사람은 자신의 시련을 견뎌내야 할 뿐만 아니라 고통 받는 친구의 시련도 견뎌내야 합니다. 그러나 천국에서는 비참한 영혼의 슬픔을 맛보게 하거나 서로 깊은 우정을 나누는 하늘의 친구들을 괴롭히거나 방해할 만한 역경이 전혀 없습니다. 성도들은 서로간의 사랑을 최고도로 풍성하게 맛볼 수 있습니다……

9. 천국에서는, 모든 것이 협력해서 성도들의 사랑을 촉진하고 서로를 기뻐하기에 알맞은 환경이 조성됩니다. 천국에는 다른 사람을 혐오하거나 미워하도록 유혹하는 사람이 아무도 없습니다. 남의 일에 잘 끼어드는 사람이나 악의가 가득한 원수가 있어서 말

을 와전하거나 오해를 조장하거나 악한 소문을 널리 퍼뜨리는 일
도 없습니다. 모든 존재와 모든 사물이 협력하여 사랑을 촉진하고
사랑을 충만히 누립니다. 성도들의 거처인 천국 자체도 모든 면에
서 천상의 사랑이 깃들기에 적합한 기쁨의 동산, 천상의 낙원입니
다 …… 이 세상에서의 사소한 차이들은 천국의 공동체 안에서는
아무런 차별을 가져오지 않습니다. 모두가 거룩함과 거룩한 사랑
에 있어서 평등합니다……

10. 천국 백성들은 서로간의 사랑을 영원히 완벽하게 누리게 된
다는 사실을 알게 됩니다. 그들은 하나님과 그리스도가 그들의 하
나님이자 분깃으로 그들과 영원히 함께 하실 것임을 알게 됩니다.
또 그들은 하나님의 사랑이 영원히 지속적으로 충만하게 나타날
것이라는 사실과 자신이 사랑한 다른 모든 성도들도 영광 가운데
영원히 함께 살 것이라는 사실, 그리고 자신이 지금 마음속에 품고
있는 것과 똑같은 사랑을 앞으로도 영원히 유지하게 될 것이라는
사실을 알게 됩니다. 그들은 스스로 영원히 살면서 하나님을 사랑
하고 성도들을 사랑하며 서로의 사랑을 영원히 충만하고 감미롭게
맛볼 것을 압니다. 그들은 이런 행복이 행여 끝나거나 그 충만함과
복됨이 조금이라도 줄어들거나 사랑을 베풀고 표현하는 일에 지치
거나 사랑을 맛보는 일에 싫증이 나거나 사랑하는 대상이 늙거나
마음에 안 들게 되어 마침내 자신의 사랑이 사라져 버릴 것이라는
두려움을 전혀 느끼지 않습니다.

천국에 있는 모든 것은 불멸의 젊음과 신선함을 마음껏 누립니다. 천국에서는 나이 때문에 아름다움이나 활력이 줄어드는 일은 없습니다. 성도의 사랑은 마치 영혼 안에서 끊임없이 솟아 나오는 생명의 샘이나 결코 사그라지지 않는 불꽃처럼 모든 사람의 가슴 속에 깃들 것입니다. 이 사랑에서 나오는 거룩한 기쁨은 영원토록 맑고 가득하게 흘러나와 끊임없이 불어나는 강물과 같습니다……

지금까지 천국에서 사랑이 베풀어지고 표현되고 누려지는 복된 상황의 여러 측면들을 살펴보았습니다. 이제 마지막으로 여섯 번째 요점을 말씀드리겠습니다.

VI. 천국에서 베풀어지고 경험되는 이 사랑의 복된 결과와 열매에 대하여. 이 사랑의 많은 복된 열매들에 대해서는 다음 두 가지 점만 언급하고자 합니다.

1. 모든 천국 백성들의 하나님과 서로를 향한 가장 탁월하고 완전한 행실. 신적인 사랑은 모든 선한 원리들의 총합이며, 따라서 모든 사랑스럽고 탁월한 행동들이 비롯되는 근원입니다. 천국에서는 이 사랑이 온갖 죄 즉, 하나님과 동료 피조물에 대한 적의가 완벽하게 제거될 만큼 완전해지는 것과 마찬가지로 사랑의 열매도 모든 존재를 향한 완벽한 행실이 됩니다. 따라서 천국에서의 삶은 악한 실수나 오류가 조금도 없습니다……

우리는 구체적으로 천국에서 성도들이 어떻게 쓰임 받을지 알지 못합니다. 그러나 일반적으로 우리는 성도들이 하나님을 찬양하고 섬기는 일을 할 것임을 압니다. 성도들은 지금까지 우리가 살펴 본 그런 사랑에 감화되어 이 일을 완벽하게 해낼 것입니다. 성도들은 어떤 면에서는 하나님의 인도를 받아 서로의 행복에 도움이 되도록 하나님께 쓰임 받는다고 생각하는 것이 타당합니다. 성경에서는 성도들을 한 공동체로 함께 연합되어 있다고 표현하는데 이러한 연합의 목적은 다름 아닌 서로 섬기며 서로 행복해지는 것일 수밖에 없다고 여겨지기 때문입니다. 이렇게 성도들은 서로에 대한 온전한 사랑의 결과로서 서로에 대해 완벽하게 호의적인 행동으로 섬깁니다.

2. 천국에서 행해지는 사랑의 또 다른 열매는 완전한 평안과 기쁨입니다. 거룩하고 겸손한 그리스도인의 사랑은 영혼에 형언할 수 없는 고요함과 평안함을 가져다주는 놀라운 능력의 원리입니다. 그 사랑은 모든 장애물을 물리치고, 영혼에 감미로운 안식을 가져다주며, 모든 것을 고요하고 감미로우며 행복하게 만듭니다. 신적인 사랑이 지배하며 활발하게 활동하는 영혼 속에는 폭풍우나 먹구름을 일으킬 만한 것이 아무것도 없습니다……

오! 그와 같은 세계에는 얼마나 큰 평안이 있겠습니까! 이 평안의 충만함과 복됨을 누가 말로 표현할 수 있겠습니까! 이 얼마나 큰 평안입니까! 얼마나 감미롭고 거룩하며 즐겁겠습니까! 교만, 이기심, 시기, 악의, 냉소, 경멸, 다툼, 악덕이 풍랑 이는 바다에서 높이 솟구쳐 사납게 몰아치는 거센 파도처럼 끊임없이 몰려오는 이 세상의 온갖 폭풍과 비바람을 뚫고 마침내 다다른 안식의 포구가 아닙니까! 덫과 함정과 독사들이 가득하고 아무런 안식도 찾을 수 없는 이 거칠고 황량한 광야를 통과하여 마침내 들어간 안식의 가나안 땅이 아닙니까!……

천국의 모든 성도들은 하나님의 정원에 핀 꽃과도 같습니다 거룩한 사랑은 그들 모두가 내뿜는 감미로운 향내입니다. 그 향기로 그들은 저 낙원의 안식처를 가득 채웁니다. 천국의 모든 영혼은 각기 아름다운 협주곡의 한 음이 되어 다른 모든 음과 감미로운 조화를 이루며 모든 음이 한데 어우러져 하나님과 어린 양을 영원토록 찬양하는 황홀한 곡조가 됩니다. 그래서 모든 영혼이 최선을 다해 서로 협력하여 공동체 전체의 사랑을 영광스런 아버지 하나님께 표현하면서 그들이 사랑과 축복과 영광을 충만히 공급받은 사랑의 샘 근원에 다시 사랑을 쏟아 붓습니다. 그들은 그와 같이 사랑할 것입니다. 그들은 사랑으로, 그리고 눈으로도 보지 못하고 귀로도 듣지 못하며 이 세상 사람이 마음속에 품어 보지 못한 그런 사랑의 복된 열매인 경건한 기쁨으로 왕노릇할 것입니다. 이처럼 그들은 보좌에서 나오는 충만한 빛을 받으며 영원히 점점 커지면서도 언제나 충만한 기쁨에 사로잡혀 하나님과 그리스도와 더불어 영원토록 다스리게 될 것입니다.

적용

1. 천국이 지금까지 묘사한 것과 같은 그런 세계라면, 우리는 왜 다툼과 분쟁이 우리가 천국을 소유하기에 합당한 자라는 증거를 약화시키기 쉬운지 그 이유를 알 수 있을 것입니다. 경험은 이러한 현상이 다툼의 결과임을 가르칩니다. 하나님의 백성들이 마음속에 남아있는 부패함으로 인해 때때로 그러듯이 증오와 악의에서 비롯된 행동 규범의 지배를 받아 다툼의 영에 사로잡히거나 공적이거나 사적인 분쟁에 뛰어들고 그들의 영혼이 어떤 문제에 있어서든 이웃에 대한 적대감으로 가득하게 될 때, 그들이 이전에 지녔던 천국 백성의 증거는 희미해지거나 사라진 것처럼 보입니다. 그들은 영적으로 어둠 속에 있어서 이전에 누리던 충분하고 만족스러운 소망을 더 이상 발견하지 못합니다.

그래서 회심한 사람들이 가정 안에서 합당치 못한 마음을 먹으면 그 결과로 보편적이지는 않다 하더라도 일반적으로 그들은 하늘에 속한 것들에 대한 충분한 감각이나 천국에 대한 산 소망을 많이 잃어버린 채 살아가게 됩니다. 그들은 사랑과 평강 속에서 살아가는 이들이 누리는 영적인 평안과 감미로움을 거의 누리지 못합니다. 그들은 하나님의 도우심과 하나님과의 교제, 그리고 다른 이들이 기도하는 가운데 경험하는 영적 교통을 경험하지 못합니다. 사도 베드로는 가정 안에서의 다툼이 그러한 결과를 가져온다고 말하는 듯합니다. 그는 이를 다음과 같이 표현합니다. "남편들아

이와 같이 지식을 따라 너희 아내와 동거하고 그를 더 연약한 그릇이요 또 생명의 은혜를 함께 이어받을 자로 알아 귀히 여기라 이는 너희 기도가 막히지 아니하게 하려 함이라"(벧전 3:7). 여기서 베드로는 가정 안의 불화가 그리스도인의 기도에 걸림돌이 될 수 있음을 언급합니다. 그런 불행한 경험을 하고도 슬픔을 겪어보지 않고 베드로 사도가 한 말이 참임을 자신의 경험으로 증언하지 않을 그리스도인이 어디 있겠습니까?

왜 다툼이 경건생활과 위로와 소망을 가로막고 하늘에 속한 것에 대한 감미로운 소망을 파괴하는 이런 결과를 가져오는지는 우리가 살펴본 교리를 통해 알 수 있습니다. 천국은 사랑의 세계이므로 우리가 사랑을 가장 적게 실천하고 사랑과 반대되는 마음이 가득 사로잡혀, 천국을 가장 적게 소유하게 되고 천국과 가장 멀어지는 것입니다. 그럴 때 우리는 천국과 조화되고 천국을 준비하며 천국에 도움이 되는 일을 가장 적게 행하게 됩니다. 그래서 필연적으로 우리가 천국에 합당한 자라는 증거가 빈약할 수밖에 없고 그러한 증거가 가져다주는 위로도 거의 기대할 수 없습니다.

[2. 천국에 합당한 이들은 얼마나 행복한가.]

3. 죄인들은 이 주제에 대한 지금까지의 설교 내용을 듣고 각성하고 깨어나야 마땅합니다. 이제 다음 두 가지 요점을 생각해 보겠습니다.

첫째, 죄인들은 이 사랑의 세계에서 아무런 분깃도 권리도 없다는 점에서 자신들의 비참한 상태를 상기해야 합니다. 여러분은 천국에 대한 여러 진리, 곧 천국에는 어떤 종류의 영광과 축복이 있는지, 그 완벽한 사랑의 세계에서 성도들과 천사들은 얼마나 행복한지를 배웠습니다. 그러나 이 모든 것이 아무것도 여러분과 관계가 없다고 생각해 보십시오. 이런 이야기를 들을 때 여러분은 여러분과 아무 상관없는 이야기를 들었을 뿐입니다. 하나님과 그리스도를 미워하며 모든 선한 것에 대한 적대감에 사로잡혀 있는 여러분 같은 사람들은 아무도 천국에 들어가지 못할 것입니다. 여러분 같은 이들은 결코 신실한 이스라엘 백성에 속하지 못하며 하늘의 안식처에도 절대로 들어가지 못할 것입니다. 베드로가 마술사 시몬에게 한 말처럼 여러분에게도 이렇게 말할 수 있을 것입니다. "하나님 앞에서 네 마음이 바르지 못하니 이 도에는 네가 관계도 없고 분깃 될 것도 없느니라"(행 8:21). 또 느헤미야가 산발랏과 그 일당에게 한 말과 같이 여러분에게도 이렇게 말할 수 있을 것입니다. "너희에게는 예루살렘에서 아무 기업도 없고 권리도 없고 기억되는 바도 없다"(느 2:20)……

둘째, 죄인들은 자신이 위험에 처해 있음을 깨달아야 합니다. 지옥은 증오의 세계입니다. 우주에는 세 가지의 세계가 있습니다. 하나는 이 세상인데 이 세상은 중간적인 세계, 선과 악이 이 세상은 영원히 지속되지 않을 것이라는 확실한 증거가 될 만큼 서로 뒤섞여 있는 세계입니다. 또 다른 세계는 아무런 미움도 없는 사랑의 세계인 천국입니다. 그리고 세 번째 세계는 증오의 세계인 지옥입니다. 지옥에는 사랑이 없습니다. 지옥은 그리스도를 소유하지 못한 상태인 여러분 모두가 속해 있는 세계입니다. 천국에서 하나님이 당신의 사랑을 나타내시듯이 이 마지막 세계는 하나님이 당신의 노여움과 진노를 나타내시는 세계입니다. 지옥에 있는 모든 것은 가증스럽습니다. 지옥에는 불쾌하고 혐오스럽고 무시무시하고 가증스럽지 않은 것이 단 한 가지도 없습니다. 순결하거나 거룩하거나 유쾌한 것은 아무것도 없고 모든 것이 혐오스럽고 역겹습니다. 지옥에는 악령들과 악령 비슷한 저주받은 영혼들 외에는 아무것도 없습니다. 지옥은 말하자면 마귀라고도 하고 사탄이라고도 하는 옛 뱀과 그 뱀이 낳은 혐오스런 새끼들이 우글거리는 거대한 독사굴입니다. 그 어두운 세계에는 하나님께서 그 온전하고 영원한 미움으로 미워하시는 자들밖에 없습니다. 하나님은 지옥에 있는 어떤 존재에게도 아무런 사랑과 자비를 베풀지 않으시며 오직 무서운 진노만을 쏟아 부으실 뿐입니다……

그리스도 밖에 있고, 거듭나지 않았으며, 마음속에 하나님의 사랑을 심어 주셔서 여러분으로 하여금 거룩한 사랑 안에 있는 행복을 최고의 선으로 선택하게 하시고 거룩함을 추구하는 일에 일생을 바치도록 인도하시는 성령에 의한 복된 심령의 새로워짐을 전혀 경험해 보지 못한 분들은 잘 생각해 보십시오. 여러분이 처한 위험, 여러분 앞에 놓여있는 미래를 생각해 보십시오. 지옥은 여러분이 장차 심판 받을 세계, 율법의 판결을 통해 여러분을 삼켜버릴 세계, 어느 순간에 여러분이 거할 곳을 영원히 결정지어 버릴지 알 수 없는 공포의 세계, 회개하지 않으면 여러분이 방금 들었던 저 복된 사랑의 세계 대신 곧 가게 될 세계입니다. 그런 세계가 진실로 여러분 곁에 있다는 사실을 생각해 보십시오. 이러한 사실들은 교묘하게 지어낸 이야기가 아니라 하나님의 말씀이 증언하는 크고 두려운 진리이며 잠시 뒤면 여러분이 영원히 확실하게 진실임을 알게 될 일들입니다. 그런데 어떻게 여러분은 현재 자신이 처해 있는 상태에 안주하여 그렇게 매일을 무사태평하게 지내며 여러분의 소중하고 영원한 영혼에 대해 그토록 무관심하고 소홀할 수 있습니까?……

4. 천국에 대해 지금까지 들은 내용들을 잘 생각해 보고 모두 분발하여 천국을 간절히 사모합시다. 만일 천국이 그토록 복된 세계라면, 천국을 우리의 본향, 우리가 찾고 구할 유업으로 삼읍시다. 우리의 길을 천국 쪽으로 돌이키고 천국을 소유하기 위해 길을 재촉합시다. 이 영광스런 세계를 우리가 소유하는 것이 불가능한 일은 아닙니다. 하나님이 천국을 우리에게 제시하셨습니다. 천국은 너무나 아름답고 복된 나라이지만 우리가 사모하고 선택하려 하며 간절히 찾는 나라가 천국이라면 하나님은 언제든 우리에게 천국을 유업으로 주실 준비가 되어 있습니다. 하나님은 우리에게 선택할 기회를 주십니다. 우리는 스스로 선택하는 대로 어느 곳이든 우리

의 유업으로 삼을 수 있으며 끝까지 인내하며 선을 행함으로써 천국을 간절히 찾는다면 천국도 얻을 수 있습니다……

천국을 얻으려면 이렇게 하십시오.

첫째, 마음속에서 이 세상의 일들을 여러분의 최고선으로 추구하지 마십시오. 땅에 속한 것들이 여러분의 영혼을 만족시키기라도 할 것처럼 이 땅의 것들을 소유하는 데 집착하지 마십시오……헛된 영광을 바라는 욕망을 죽이고 심령이 가난하고 마음이 겸손한 사람이 되어야 합니다.

둘째, 묵상이나 경건 생활을 할 때 천국에 있는 사람들과 사물들과 온갖 즐거운 일들에 대해 많이 생각하십시오. 천국에 대한 생각을 많이 하지 않으면 끊임없이 천국을 추구할 수가 없습니다……천국에 있는 모든 것들, 그곳에 있는 친구들, 천국의 찬양과 경배, 저 사랑의 세계에 있는 모든 복의 근원들에 대해 자주 생각하십시오. 우리의 시민권을 하늘에 있게 하십시오(빌 3:20).

셋째, 천국으로 가는 길에서 만날 모든 어려움을 기꺼이 뚫고 나가십시오. 길은 여러분 앞에 있고 여러분이 원한다면 그 길을 걸을 수도 있지만 그 길은 오르막길이고 온갖 어려움과 장애물이 가득한 길입니다. 빛과 사랑이 가득한 저 영광스런 도성은 말하자면 높은 산꼭대기 위에 있어서 힘들고 험한 오르막길 외에는 다른 길이 없습니다. 그 길은 오르기 힘들고 온갖 시련이 가득한 길이지만 마침내 저 영광스런 도성에 이르러 그곳에 거하기 위해서라면 그 어떤 난관도 견뎌낼 만한 가치가 있습니다 …… 그 길은 가면 갈수록 더 쉽게 올라갈 수 있는 길입니다. 더 높이 올라갈수록 여러분은 눈앞에 펼쳐지는 영광스런 광경 때문에, 그리고 잠시 후면 여러분이 영원히 안식하게 될 저 천성을 더 가까이 볼 수 있어서 더 많은 기운을 얻게 될 것입니다.

넷째, 가는 길 내내 여러분보다 먼저 하늘로 올라가신 예수님께 시선을 고정시키십시오. 그분을 바라보십시오. 천국에서의 예수님의 영광을 보십시오. 그 영광을 보면 그만큼 더 간절히 천국을 사모하게 될 것이기 때문입니다 …… 예수님을 여러분의 중보자로 바라보고 예수님이 이루신 속죄를 믿으며 하늘의 성전에 있는 지성소로 들어가십시오. 예수님을 하나님의 보좌 앞에서 여러분을 위해 영원토록 간구하시는 여러분의 중보자로 바라보십시오. 예수님을 성령으로 말미암아 여러분으로 하여금 천국 길을 갈 수 있게 하시고 도중에 겪는 모든 어려움을 극복하게 하시는 능력의 원천으로 바라보십시오. 자신을 사랑하고 따르는 이들에게 천국을 약속하신 예수님의 약속을 믿으십시오. 예수님은 자기 백성의 머리이자 대표자이자 구주로, 천국에 들어가심으로써 그 약속을 확증하셨습니다.

다섯째, 저 사랑의 세계로 가고 싶다면 반드시 사랑의 삶, 즉 하나님께 대한 사랑과 사람들에 대한 사랑의 삶을 사십시오. 우리 모두는 장차 저 사랑의 세계에서 살기를 소망합니다. 따라서 우리는 사랑의 정신을 귀하게 여기고 이 땅에서 거룩한 사랑의 삶을 살아야 합니다. 이것이 곧 영원토록 사랑 안에 견고하게 된 천국의 성도들을 닮을 수 있는 방법입니다. 이 방법을 통해서만이 그들의 탁월함과 사랑스러움을 닮을 수 있고 그들처럼 행복하고 평안하게 기쁨을 누릴 수 있습니다. 이 세상에서 사랑 안에 살면 여러분도 그들처럼 감미롭고 거룩한 평강을 누리며 이 땅에서 하늘의 기쁨과 즐거움을 미리 맛볼 수 있습니다.

여러분은 또한, 하나님과 그리스도와 거룩함에 대한 인식과 마찬가지로 하늘에 속한 것들의 영광을 인식할 수 있습니다. 그러면 여러분의 마음은 하나님께 대한 거룩한 사랑으로 가득차고 화평의 영과 사람들에 대한 사랑으로 가득 차 천국에서 찾아볼 수 있는 모든 것들의 탁월함과 감미로움에 대한 인식에 도달하게 될 것입니다. 말하자면 천국의 창문들이 활짝 열려 그 영광스런 빛이 여러분의 영혼 안을 환하게 비추게 될 것입니다. 이처럼 여러분은 자신이 저 복된 세계에 합당한 자라는 증거와 지금 현재 천국을 소유하기 위해 천국으로 가는 길을 걷고 있다는 증거를 얻게 될 것입니다. 이렇게 은혜로 말미암아 빛 안에 거하는 성도들의 유업을 받기에 합당한 자가 되면 여러분은 영원토록 축복을 받은 천국 성도들과 함께 거하게 될 것입니다. 이렇게 끝까지 충성을 다하여 주님의 기쁨에 동참할 사람들은 참으로 행복합니다. "그들이 다시는 주리지도 아니하며 목마르지도 아니하고 해나 아무 뜨거운 기운에 상하지도 아니하리니 이는 보좌 가운데에 계신 어린 양이 그들의 목자가 되사 생명수 샘으로 인도하시고 하나님께서 그들의 눈에서 모든 눈물을 씻어 주실 것임이라"(계 7:16-17).

사랑의 삶을 살면 천성 가는 길을 갈 수 있습니다. 천국이 사랑의 세계인 것처럼 천국 가는 길은 사랑의 길입니다. 이 길이 천국을 준비하는 가장 좋은 길이며 빛과 사랑의 땅에 사는 성도들과 함께 유업을 누릴 준비를 할 수 있는 가장 좋은 길입니다. 여러분이 천국에 이른다면 여러분을 그곳까지 실어간 두 날개는 틀림없이 믿음과 사랑일 것입니다.(끝)

주

1) Dietrich Bonhoeffer to Eberhard Bethge, June 27, 1944, in *Letters and Papers from Prison* (New York: Simon & Schuster, 1997), 336-337.

2) 조나단 에드워즈의 생애에 대한 더 자세한 내용을 보려면 다음 책을 참고하라. Stephen J. Nichols, *Jonathan Edwards: A Guided Tour of His Life and Thought* (Phillipsburg, NJ: P&R, 2001); John Piper and Justin Taylor, eds, *A God-Entranced Vision of All Things: The Legacy of Jonathan Edwards* (Wheaton, IL: Crossway Books, 2004).

3) 이 설교와 전체 연속 설교에 대해서는 다음 책을 보라. Jonathan Edwards, *Charity and Its Fruits*, ed, Tryon Edwards, 1851, reprinted by Banner of Truth, 1969. 이 설교는 다음 책에서도 찾아볼 수 있다. *The Works of Jonathan Edwards*, Volume 8: Ethical Writings, ed. Paul Ramsey (New Haven, CT: Yale University Press, 1989), 366-397.

4) Cornelius Plantinga, *Not the Way It's Supposed to Be: A Breviary of Sin* (Grand Rapids, MI: Eerdmans, 1995).

5) John Milton, *Paradise Lost*, Books IX & X.

6) 라울 발렌베리(1912-?)가 어떻게 최후를 맞이했는지에 대해서는 아직도 많은 부분이 의문으로 남아 있다. 그는 러시아 군에 붙잡혔다고 알려져 있지만 그 이후로 어떻게 되었는지는 거의 알려진 바가 없다. 발렌베리에 대해 내게 알려 준 데일 모트에게 이 자리를 빌어 감사를 드린다.

7) 신약 연구 분야에서 이 사실에 대한 보다 상세한 논의를 보려면 다음 책을 참고하라. M. Reasoner, "Citizenship, Roman and Heavenly," *Dictionary of Paul and His Letters*, ed. Gerald F. Hawthorne and Ralph P. Martin (Downers Grove, IL: InterVarsity Press, 1993), 139-141.

8) Gordon Fee, *Paul's Letter to the Philippians* (Grand Rapids, MI: Eerdmans, 1995), 378.

9) 이 설교는 다음 책에 실려 있다. *The Sermon of Jonathan Edwards: A Reader*, ed. Wilson H. Kimnach, Kenneth P. Minkema, and Douglas A. Sweeney (New Haven, CT: Yale University Press, 1999), 13-25. 뉴욕 시절의 에드워즈에 대해서는 다음 책을 참고하라. George M. Marsden, *Jonathan Edwards: A Life* (New Haven, CT: Yale University Press, 2003).

10) John Piper, *God Is the Gospel: Meditations on God's Love as the*

Gift of Himself (Wheaton, IL: Crossway, 2005), 133-145.

11) William Shakespeare, *The Tragedy of Hamlet, Prince of Denmark*, Act I, Scene 2.

12) Wendell Berry, "Manifesto: The Mad Farmer Liberation Front" *The Country of Marriage* (New York: Harcourt Brace Jovanovich, 1973)

13) Jeremiah Burroughs, *Hope* (Orlando, FL: Soli Deo Gloria, 2005), 2.

14) Richard Gott, *Cuba: A New History* (New Haven, CT: Yale University Press, 2004), 13-15. 이 기록은 원래 벨라스케스와 동행한 신부인 바르톨로메 데 라스 카사스Bartolome de Las Casas가 쓴 다음 책에 기록되었다. *A Short History of the Destruction of the Indies* (1542).

15) 이 설교는 다음 책에 실려 있다. *The Sermons of Jonathan Edwards: A Reader*, ed. Wilson H. Kimnach, Kenneth P. Minkema, and Douglas Sweeney (New Haven, CT: Yale University Press, 1999), 197-211.

16) Carl F. H. Henry, *The Uneasy Conscience of Modern Fundamentalism* (Grand Rapids, MI: Eerdmans, 2003, 초판 1947년), 2.

17) 에드워즈의 설교 "기독교적 자선, 또는 가난한 이들에 대한 구제의

의무에 대해 설명하고 역설함 Christian Charity, or The Duty of Charity to the Poor: Explained and Enforced"은 다음 책에 실려 있다. *The Works of Jonathan Edwards*, Volume Two, ed. Edward Hickman (Carlisle, PA: The Banner of Truth, 1974), 163-173.

18) C. S. Lewis, *The Weight of Glory* (New York: Harper San Francisco, 2001), 45-46.

19) 스톡브리지 시절의 에드워즈에 대해 더 자세히 다룬 글을 보려면 다음 책을 참조하라. Stephen J. Nichols, "Last of the Mohican Missionaries: Jonathan Edwards at Stockbridge", *The Legacy of Jonathan Edwards: American Religion and the Evangelical Tradition*, ed. D. G. Hart, Sean Michael Lucas, and Stephen J. Nichols (Grand Rapids, MI: Baker Academic, 2003), 47-63.

20) 조나단 에드워즈가 조지프 페이스Joseph Paice에게 보낸 편지. *The Works of Jonathan Edwards*: Volume 16, Letters and Personal Writings, ed. George S. Calghorn (New Haven, CT: Yale University Press, 1998), 437.

21) John M. Perkins, *Let Justice Roll Down* (Ventura, CA: Regal Books, 1976).

22) 에드워즈의 설교 "내가 알기에는 나의 대속자가 살아 계시니 I Know

My Redeemer Lives"는 다음 책에 실려 있다. *The Sermons of Jonathan Edwards: A Reader*, ed. Wilson H. Kimnach, Kenneth P. Minkema, and Douglas Sweeney (New Haven, CT: Yale University Press, 1999), 141-160.

23) "그리스도께서 당신의 참 제자들에게 주시는 평안 The Peace Which Christ Gives His True Followers"은 다음 책에 실려 있다. *The Works of Jonathan Edwards*, Volume Two, ed. Edward Hickman (Carlisle, PA: The Banner of Truth, 1974), 89-93.

24) 에드워즈가 노샘프턴 교회에서 해임된 과정을 보다 자세히 다룬 책을 보려면 다음 책을 참조하라. Stephen J. Nichols, *Jonathan Edwards: A Guided Tour of His Life and Thought* (Phillipsburg, NJ: P&R, 2001), 125-137.

25) Heidi L. Nichols, *Anne Bradstreet: A Guided Tour of the Life and Thought of a Puritan Poet* (Philipsburg, NJ: P&R, 2006), 195-197.

26) 고맙게도 나의 제자인 스티븐 하이틀랜드가 내게 이 사실을 알려 주었다.

27) 흠정역 성경(KJV)에서 "대저택mansions"으로 번역된 단어는 헬라어로 '모네 *mone*'인데 이 단어의 문자적인 의미는 "거처 dwelling place"로 '거하다'라는 뜻의 동사 '메노 *meno*'와 관련이 있다. 흠정

역 번역자들은 이 단어를 'mansiones'로 옮긴 라틴어 불가타 역 성
경 본문에 과도하게 영향을 받았다. 그러나 이 단어는 하나님의 집
을 가리키고 있는 이 문맥에서는 영어 표준역(English Standard
Version)에서와 같이 "많은 거처 many rooms"로 번역하는 것이 가
장 좋다. 즉 이 단어에 담긴 중심 사상은 베벌리 힐스에 줄줄이 늘어
선 대저택 같은 집이 아니라 아버지 하나님의 집에서 함께 거하는
것이다. 다음 책을 참고하라. D. A. Carson, *The Gospel According
to John* (Grand Rapids, MI: Eerdmans, 1991), 488-490.

28) 1737년 성탄절에 전해진 에드워즈의 설교 "많은 거처 Many
Mansions"는 다음 책에 수록되어 있다. *The Works of Jonathan
Edwards*, Volume 19: Sermons and Discourses, 1734-1738, ed. M.
X. Lesser (New Haven, CT: Yale University Press, 2001), 734-746.

29) 이 인용문은 에드워즈가 1734년 11월 7일에 「계시록」 14장 2절을
본문으로 전한 설교에서 발췌한 것이다. 이 설교는 다음 책에 수록
되어 있다. *The Works of Jonathan Edwards*, Volume Two, ed.
Edward Hickman (Carlisle, PA: The Banner of Truth, 1974), 913-917.

30) 설교 "천국에서 하나님 섬기기 Serving God in Heaven"는 다음 책
에 실려 있다. *The Works of Jonathan Edwards*, Volume 17:
Sermons and Discourses, 1730-1733, ed. Mark Valeri (New Haven,
CT: Yale University Press, 1999), 253-261.

31) 에드워즈의 글을 적절히 인용하면서 겸손에 대해 잘 다룬 최근의 책을 보려면 다음 책을 참조하라. C. J. Mahaney, *Humility: True Greatness* (Sisters, OR: Multnomah, 2005).

32) 이 편지는 다음 책에 실려 있다. *The Works of Jonathan Edwards*, Volume 16: Letters and Personal Writings, ed. George S. Claghorn (New Haven, CT: Yale University Press, 1998), 576-578.

33) 에드워즈가 소천한 경위와 이 당시 가족들 사이에 오고간 편지에 대해서는 다음 책을 보라. *The Works of Jonathan Edwards*, Volume Two, ed. Edward Hickman (Carlisle, PA: The Banner of Truth 1974), clxxviii-clxxx.

34) 세라 에드워즈에 대해 더 자세히 다룬 글로는 다음 문헌을 참조하라. Heidi L. Nichols, "Those Exceptional Edwards Women", *Christian History* 22 (2003): 23-25; Noël Piper, "Sarah Edwards: Jonathan's Home and Haven", *A God-Entranced Vision of All Things: The Legacy of Jonathan Edwards*, ed. John Piper and Justin Taylor (Wheaton, IL: Crossway Books, 2004), 55-78.

35) Martin Luther, *Luther's Works*, Volume 54: Table Talk (Philadelphia: Fortress Press, 1967), 432.

36) 이 설교는 다음 책에 수록되어 있다. *The Works of Jonathan*

Edwards, Volume Two, ed. Edward Hickman (Carlisle, PA: The
Banner of Truth, 1974), 965-969.

37) 설교 "그리스도인 순례자: 천국으로 가는 여행으로서의 그리스도인
의 삶 The Christian Pilgrim; Or, the True Christian's Life a Journey
to Heaven"은 다음 책에 수록되어 있다. *The Works of Jonathan
Edwards*, Volume Two, ed. Edward Hickman (Carlisle, PA: The
Banner of Truth, 1974), 243-246.

38) Jonathan Edwards, sermon manuscript on Hebrews 11:16 (January
1754), Beinecke Library, Yale University.

39) 에드워즈는 여기서 연속 설교 상의 바로 앞 설교를 언급하고 있다.
고린도전서 13장 8절에 기초한 그 설교의 전체 교리는 다음과 같다.
"성령이 한동안만이 아니라 영원토록 그리스도의 교회에 임하는 매
개가 될 성령의 위대한 열매는 신적인 사랑이다."

이 땅 위의

천국

초판 인쇄 | 2007년 10월 12일
초판 발행 | 2007년 10월 19일

지은이 | 스티븐 니콜스
옮긴이 | 이용중
펴낸이 | 심만수
펴낸곳 | (주)살림출판사
출판등록 | 1989년 11월 1일 제9-210호

주소 | 413-756 경기도 파주시 교하읍 문발리 파주출판도시 522-2
전화 | 영업부 031)955-1350 기획편집부 031)955-1365
팩스 | 031)955-1355
이메일 | salleem@chol.com
홈페이지 | http://www.sallimbooks.com

ISBN 89-522-0723-4 03230

* 잘못된 책은 구입하신 서점에서 바꾸어 드립니다.
* 저자와의 협의에 의해 인지를 생략합니다.

값 8,000원